nder Hansen von Ersthausen/sonst klein Henselein genant/vnd seiner
rlichen hat/den 10. tag Septembris/des jetzlauffenden 1573. Jars.

W0346593

Seeräuber
auf Nord- und Ostsee

Abb. 1 Im 17. Jahrhundert begann die Vermarktung der Störtebeker-Legende. Die Radierung von Daniel Hopfer von 1515 zeigt Kunz von der Rosen, Hofnarr Kaiser Maximilians I. David Funck druckte sie nach 1682 mit dem Namenszug Klaus Störtebekers nach. Hier ein weiterer anonymer Kupferstich von 1696.

Seeräuber auf Nord- und Ostsee

Wirklichkeit und Mythos

Von Ortwin Pelc

Boyens

KLEINE SCHLESWIG-HOLSTEIN-BÜCHER · BAND 56

Herausgegeben von der
Provinzial Nord Versicherungsgruppe, Kiel

Wissenschaftlicher Betreuer: Prof. Dr. Dieter Lohmeier

Schutzumschlag und Vorsatzblätter:
Die Gefangennahme und Hinrichtung von Seeräubern in Hamburg am 10. September 1573, zeitgenössisches Flugblatt

BOYENS BUCHVERLAG

ISBN 3-8042-1170-4

© Boyens Medien GmbH & Co. KG, Heide, 2005
Alle Rechte, auch die des auszugsweisen oder fotomechanischen Nachdrucks, vorbehalten
Druck: Boyens Offset, Heide
Printed in Germany

Inhalt

1. Einleitung

Seit es Seefahrt gibt, machen Seeräuber die Meere unsicher. Schiffe transportieren wertvolle Waren über die See und wecken dadurch die Begehrlichkeit anderer. Als schnelles Fortbewegungsmittel waren Schiffe auch besonders geeignet, mit ihnen Siedlungen an Küsten und in Flussmündungen zu überfallen. Bis in die Gegenwart werden Fracht- und Passagierschiffe – z.B. in Südostasien – von Seeräubern bedroht und überfallen. Heute wird Seeraub durch internationale Gesetze als Straftat definiert, in vergangenen Jahrhunderten war das nicht unbedingt der Fall. Ein Überfall auf Schiffe oder mit Schiffen konnte durchaus mit hoheitlicher Legitimation eines Landesherrn und im Rahmen territorialer Auseinandersetzungen geschehen. Wenn im Mittelalter von Seeraub gesprochen wurde, kam es oft darauf an, ob man Auftraggeber oder Opfer war. Die Übergänge zwischen Kriegführung zur See und Seeräuberei waren somit fließend. Diese Problematik findet sich auch auf dem Land, hier sind im Mittelalter die Grenzen zwischen Kriegführung, Fehde und Raubrittertum ebenfalls unscharf.

Zur Seeräuberei sind gerade in den letzten Jahren zahlreiche neue Untersuchungen gemacht worden, und dieses Thema ruft weiterhin großes Interesse hervor. Dabei spielt wohl vor allem die Faszination von einem ungebundenen, abenteuerlichen Leben der Seeräuber eine Rolle, das es aber in Wirklichkeit kaum gab. In den zahlreichen populären Mythen, Sagen und Geschichten wird es aber weiterhin dargestellt. Im folgenden soll ein Überblick über die Geschichte des Seeraubs im Nord- und Ostseeraum vom Frühmittelalter bis ins 19. Jahrhundert gegeben werden. Dabei wird zugleich die politische, wirtschaftliche und soziale Entwicklung in Norddeutschland und Skandinavien beachtet, die auf die Entstehung und Bekämpfung der Seeräuberei einen wichtigen Einfluss ausübte.

Schwerpunkt ist der Seeraub in der Hansezeit zwischen dem 13. und 16. Jahrhundert mit der Darstellung von Personen und Ereignissen sowie den Gegenmaßnahmen der Hansestädte. Aufgrund ihres Bekanntheitsgrads spielen hier Klaus Störtebeker und die Vitalienbrüder eine besondere Rolle. In weiteren Kapiteln wird das Schicksal norddeutscher Seeleute in der Hand nordafrikanischer Seeräuber, der Barbaresken, und schließlich das Nachleben der Seeräuber in norddeutschen Sagen und Legenden bis in die Gegenwart betrachtet.

Abb. 2 Die Bunte Kuh war vermutlich an der Gefangennahme von Klaus Störtebeker und Godeke Michels beteiligt. Sie wird auf dem Ölgemälde von Hans Bohrdt um 1900 aber als Symbol für die deutsche Seegeltung im Kaiserreich benutzt

2. Seeraub im Frühmittelalter: Wikinger und Slawen

Alle Völker, die im Frühmittelalter an den Küsten von Nord- und Ostsee lebten, nutzten das Meer zumindest in Küstennähe zur Fortbewegung, für den Transport von Waren und zum Fischfang. Ob die Friesen oder Sachsen, die skandinavischen Völker, die Slawen oder die baltischen Völker mit ihren Schiffen auch Raubzüge unternahmen, ist nur mitunter überliefert. Für das 3. Jahrhundert werden Einfälle der Sachsen über See in die römischen Provinzen von Britannien und diejenigen zwischen Rhein- und Loiremündung erwähnt. Die Römer legten als Abwehrmaßnahme Befestigungen an diesen Küsten an. Im 4. und 5. Jahrhundert verdichten sich diese Nachrichten, und der Begriff ‚Sachse' wurde zum Synonym für Seeräuber. Als Fahrzeuge standen den Sachsen nur kleine Schiffe, eher Boote, zur Verfügung, die gerudert wurden. Ihre Raubzüge zur See waren schnelle Vorstöße aus ihrer Heimat zwischen Weser und Elbe Richtung Westen. Deren Erfolg ist nicht messbar; vielleicht erbeuteten sie nur Verbrauchsgüter, oder die in ihren Siedlungsgebieten von den Archäologen gefundenen fremden Produkte wurden statt durch Tauschhandel durch Raub erworben. Die Friesen wiederum vermittelten im 8. Jahrhundert als Schiffer und Händler Waren zwischen dem nördlichen Frankenreich, England und Skandinavien; im Zusammenhang mit Seeraub werden sie jedoch nicht erwähnt.

Anders dagegen die Wikinger oder Normannen, von deren Überfällen an den Küsten verschiedener Stämme und Staaten in den schriftlichen Quellen des 8. bis 11. Jahrhunderts oft berichtet wird. Sie kamen in schnellen Schiffen und überraschend von See an die Küsten Englands und des Fränkischen Reiches, fuhren die Flüsse hinauf, plünderten und zerstörten Siedlungen und verschwanden wieder. Die Berichte über diese Angriffe entstammen christlichen Quellen, sind geprägt von der Furcht vor diesen heidnischen Seefahrern und bestimmten über Jahrhunderte das Bild der Wikinger. Erst die – vor allem archäologischen – Forschungen der letzten Jahrzehnte haben das tatsächliche Leben dieser Seefahrer aus Norwegen, Dänemark und Schweden deutlich werden lassen. Sie siedelten an den Küsten und auf den Inseln Skandinaviens, ernährten sich vorwiegend von Ackerbau und Fischfang, unterhielten aber auch Großhandelsplätze wie Haithabu und Birka mit weitreichenden Handelsverbindungen. Seit dem 6./7. Jahrhundert besaßen die skandinavischen Schiffe Mast und Segel, und es wurde möglich, mit ihnen weite Strecken zurückzulegen. Das Schiff war das wichtigste Verkehrsmittel der Skandinavier, es war Voraussetzung für Handels- und Kriegsfahrten und für das Vordringen der Wikinger in Europa. War dies zuerst die Überquerung der Ost- und Nordsee, so folgten später Unternehmen bis nach Island, Grönland und Nordamerika sowie nach Russland und ins Mittelmeer. Das karge

Abb. 3 Ein Wikingerüberfall, Illustration von Nikolaj Smirnov

Auskommen in ihren Heimatländern wird für einige Wikinger ein Grund gewesen sein, Raubzüge zu unternehmen. Christliche Kirchen und Klöster sowie die Handelsorte der damaligen Zeit waren lohnende Ziele für Beute und Gefangene, die als Sklaven verkauft werden konnten. Die ersten Raubzüge der Wikinger mögen noch Zusammenschlüsse von einzelnen benachbarten Hofgemeinschaften gewesen sein, deren Männer im Sommer mit wenigen Schiffen über See fuhren. Mit der Entstehung skandinavischer Königreiche in der späten Wikingerzeit gab es dann aber organisierte Kriegszüge mit ganzen Flotten, die auch einen politischen Hintergrund hatten. Gegen diese Überfälle war eine Gegenwehr der Kaufleute, Bauern und Geistlichen kaum möglich, da sie zu schnell erfolgten und es lange dauerte, um ein Heer zur Verteidigung aufzustellen.

Im Jahr 793 erfolgte der erste bekannt gewordene Überfall von Wikingern mit ihren Schiffen auf das nordostenglische Kloster Lindisfarne. Von da an gibt es bis in das 11. Jahrhundert in unterschiedlicher zeitlicher Häufung Nachweise von plötzlichen Überfällen auf Siedlungen im Küstenraum und an Flüssen des Frankenreiches. Aus dem Ostseeraum sind solche Kriegszüge zur See weit weniger belegt, wahrscheinlich aufgrund der fehlenden schriftlichen Quellen im slawischen und baltischen Siedlungsgebiet.

Der erste Überfall in Sachsen ist im Jahr 845 auf die Siedlung Hamburg nachgewiesen; sie lag und liegt immerhin etwa 110 km von der Elbmündung entfernt im Binnenland. Hamburg war damals ein junger aufstrebender Handelsort im Norden des Fränkischen Reiches. In ihm gab es erst seit wenigen Jahren einen Missionsstützpunkt, von dem aus Erzbischof Ansgar die Mission in Skandinavien organisieren sollte. Bereits 829 war Ansgar auf einer Missionsreise nach Schweden von wohl wikingischen Seeräubern überfallen worden, die ihm und seinen mitreisenden Mönchen u. a. 40 Bücher raubten. Rimbert berichtet in der Lebensgeschichte Ansgars: „Aber während Diözese und Mission sich lobenswert und gottgefällig entwickelten, tauchten ganz unerwartet wikingische Seeräuber (pyratas) mit ihren Schiffen vor Hamburg auf und schlossen es ein. Die überraschende Plötzlichkeit dieses Ereignisses ließ keine Zeit, Männer aus dem Gau zusammenzuziehen, zumal auch der damalige Graf und Befehlshaber des Ortes, der erlauchte Herr Bernhar, nicht zugegen war; als der Herr Bischof dort von ihrem Erscheinen hörte, wollte er zunächst mit den Bewohnern der Burg und des offenen Wiks den Platz halten, bis stärkere Hilfe käme. Aber die Heiden griffen an; schon war die Burg umringt; da erkannte er sich zur Verteidigung außerstande, und nun sann er nur noch auf Rettung der ihm anvertrauten heiligen Reliquien; seine Geistlichen zerstreuten sich auf der Flucht nach allen Seiten, er selbst entrann ohne Kutte nur mit größter Mühe. Auch die Bevölkerung, die aus der Burg entrinnen konnte, irrte flüchtend umher; die meisten entkamen, einige wurden gefangen, sehr viele erschlagen. Nach der Einnahme plünderten die Feinde die Burg und den benachbarten Wik gründlich aus; am Abend waren sie erschienen; die Nacht, den folgenden Tag und noch eine Nacht blieben sie da.“ (Rimbert 16)

Das Erzbistum Hamburg wurde aufgrund dieses Überfalls in das vermeintlich sicherere Bremen verlegt, allerdings war auch dieses um 852 den „verwüstenden Einfällen von Seeräubern aus den Heidenländern“ (Rimbert 34) ausgesetzt, und seine Bewohner mussten sich in Sicherheit bringen. Wie Hamburg war auch die Handelssiedlung in Bremen damals Überfällen schutzlos ausgeliefert, eine Befestigung gab es wohl noch nicht. Einzigen Schutz vor den Wikingerüberfällen bot wohl nur der Bischofssitz mit der Wilhadikirche, in die damals die Gebeine des Heiligen Willehad aus dem Dom gerettet wurden. Der steinerne Dom selbst wurde bei einem Wikingerüberfall um 858 verbrannt.

Für das Jahr 880 berichten dann die Fuldaer Annalen, dass der sächsische Herzog Brun mit seinem Heer an einem nicht näher bezeichneten Ort gegen die Wikinger eine vernichtende Niederlage erlitt, in der neben ihm auch zwei Bischöfe, elf Grafen und 18 königliche Vasallen umkamen und zahlreiche Sachsen in Gefangenschaft gerieten. Erzbischof Rimbert wandte fast seinen gesamten Besitz auf, um Gefangene – wohl aus dieser Schlacht – freizukau-

Abb. 4 Wikingerschiffe mit Brettern zum Entern, englische Miniatur des 12. Jahrhunderts

fen. In den folgenden Jahren war die Abwehr solcher Wikingerüberfälle mitunter aber auch erfolgreich. So gelang es den Friesen 884, in der Nähe der späteren Stadt Norden mit Unterstützung des Bremer Erzbischofs ein Wikingerheer zu schlagen. In der Schlacht und auf der anschließenden Flucht durch die Gewässer kamen viele Wikinger um.

Erneute Wikingerüberfälle von See an der südlichen Nordseeküste sind dann erst wieder aus dem Ende des 10. Jahrhunderts nachweisbar. Dahinter stand aber wohl eine strategische Absicht des dänischen Königs Sven Gabelbart (986-1014), der Sachsen schwächen wollte. Eine dänische Wikinger-Flotte drang in die Elbe ein und lieferte sich mit einem sächsischen Heer am 23. Juni 994 eine Schlacht, die die Sachsen verloren. Ein Graf wurde getötet, drei wurden gefangen, und es musste für sie ein hohes Lösegeld gezahlt werden. Da die Wikinger einen der Grafen in der Handelssiedlung Stade vermuteten, überfielen und beraubten sie diesen Ort. Ein weiterer Flottenverband der Wikinger drang damals gleichzeitig auf der Weser vor, verheerte das Land Hadeln und nahm dort Gefangene. Als diese Wikinger zu Land Richtung Stade zogen – vermutlich um sich mit dem anderen Heer zu vereinigen – gerieten sie in das Moorgebiet bei Zeven, wo sie von einem sächsischen Heer völlig vernichtet wurden. Da sich diese Kriegszüge nicht weit von dem Bischofssitz Bremen abspielten, ließ der dortige Erzbischof die Kirchenschätze in die Nähe von Hoya in Sicherheit bringen und belegte die Wikinger mit einem Bannfluch. Zugleich ließ er den Bremer Dombezirk durch einen Wall gegen diese Überfälle von See sichern. Tatsächlich wurde Bremen von weiteren Überfällen der Wikinger verschont. Die Sachsen lebten jedoch weiterhin in Furcht vor ihnen.

Der letzte belegte Raubzug von Wikingern im südlichen Nordseeraum wird für das Jahr 1042 von Adam von Bremen erwähnt. Damals fiel der spätere dänische König Sven Estridsen auf seiner Fahrt nach England in die Wesermündung ein. Dabei wird die Taktik dieser Überfälle von See deutlich: Mit ihren schnellen Schiffen fuhren die Wikinger so dicht wie möglich an ihr Ziel heran und überfielen dieses sodann auf dem Landweg. Damals z.B. wurden sie auf ihrem Rückweg nach Aumund, wo ihre Schiffe lagen, von einem sächsischen Heer abgefangen und geschlagen. Dies ist ein deutlicher Hinweis darauf, dass die Wikinger ihre Schiffe nur als schnelle Transportmittel nutzten und dann den Kampf an Land suchten; obwohl die zeitgenössischen Quellen sie als Seeräuber bezeichnen, scheinen die Wikinger nicht auf See gekämpft zu haben. Auf einer englischen Miniatur aus dem 12. Jahrhundert (Abb. 4), als die Zeit der Wikingerzüge also bereits vorbei war, werden Wikingerschiffe dargestellt, auf denen einzelne Planken über die Bordkante ragen. Sie sollen auf See genutzt worden sein, um feindliche Schiffe zu entern; historisch nachgewiesen sind sie aber noch nicht. Nachdem die Wikinger rund 200 Jahre die Nordsee- und wohl auch Ostseeküste bedroht hatten, wurde der Widerstand gegen ihre Überfälle seit der Mitte des 11. Jahrhun-

Abb. 5 Ein hingerichteter Pirat? Skelettfund des späten 11. Jahrhunderts bei den Ausgrabungen in Wolin

derts wirkungsvoller, sie nahmen das Christentum an und wurden – u.a. in ihren eroberten Gebieten wie England – sesshafter.

Im Ostseeraum waren die Wikinger über See sicher ebenso aktiv wie im Westen, archäologisch lassen sich Spuren von ihnen an vielen Stellen der südlichen und östlichen Küste der Ostsee nachweisen. Dort lebten im Frühmittelalter aber ebenfalls Völker mit einer ausgeprägten Seeschifffahrt, die baltischen Stämme und vor allem die Slawen, zwischen Kieler Förde und Weichsel. Auch hier gab es wichtige Seehandelsorte wie Reric, Ralswiek, Menzlin oder das sagenhafte Vineta, das wohl in der Odermündung lag. Der Bremer Chronist Adam berichtet um 1076 von den im slawischen Siedlungsgebiet liegenden Inseln Fehmarn und Rügen: „Diese beiden Inseln sind voller Raubschiffer und grausamer Seeräuber (pyratis et cruentissimis latronibus), die keinen Vorüberfahrenden schonen.“ Von den baltischen Samländern und Pruzzen weiter im Osten schreibt er aber, sie seien „sehr menschenfreundliche Leute, die von Seenot und Raubschiffern bedrohten Seefahrern entgegenfahren, um ihnen zu helfen.“ (Adam von Bremen IV, 18)

Die Bewohner der dänischen Inseln befürchteten wohl Überfälle slawischer Seefahrer, denn nur so sind die Schiffssperren aus Pfählen an einigen Hafenplätzen wie Vordingborg, Guldborg und Hominde auf Lolland im Wasser zu erklären. Der holsteinische Geschichtsschreiber Helmold von Bosau erwähnt einen Rachekriegszug der Slawen im Jahr 1168, als das dänische Königreich im Ostseeraum immer weiter expandierte und die dänischen Flotten an den Küsten auftauchten: „Die Seeräuberschiffe (predonum naves) wurden gerüstet und setzten sich auf den reichen Inseln des Dänenlandes fest ... Man hat mir erzählt, dass zu Mecklenburg an einem Markttage bis zu 700 gefangene Dänen gezählt wurden, alle verkäuflich, wenn Käufer genug da gewesen wären." (Helmold 109) Umgekehrt gab es an der Südküste Dänemarks im 12. Jahrhundert eine größere Zahl von Burgen, von denen aus Kriegszüge über See unternommen wurden. Der dänische Chronist Saxo berichtet, wie die Dänen um 1100 Seeräuber grausam bestraften, die sich im slawischen Handelszentrum Wolin an der Odermündung versteckt hatten: „Damit ihr Tod noch viel grausamer würde, banden sie sie erst mit zurückgebundenen Händen an Pfählen fest, schlitzten ihnen dann den Bauch auf und zogen den untersten Teil der herausplatzenden Därme heraus, wickelten sie um Pfähle und hörten nicht auf mit dieser Quälerei, bevor ihnen die Eingeweide ganz aus dem Bauch gewickelt waren, so machten die grimmigen Seeräuberseelen ihren letzten Seufzer. Das war ein kläglicher Anblick, aber es hatte eine ungewöhnlich nützliche Wirkung." Bei Ausgrabungen wurde hier aus dem Ende des 11. Jahrhunderts das Skelett eines jungen Mannes gefunden, mit abgeschlagenem Kopf und einem Holzpfahl zwischen den Beinen (Abb. 5). Vielleicht handelt es sich dabei um einen der Seeräuber, der damals hingerichtet wurde. An anderer Stelle berichtet Saxo, dass Bischof Absalon (1158-1201) die Köpfe besiegter Seeräuber vor den Toren Kopenhagens auf Stangen setzen ließ. „Dies jagte den Seeräubern einen sehr großen Schrecken ein, und der grauenerregende Anblick trug viel dazu bei, dem Unfug ein Ende zu machen." (Saxo Grammaticus XII 4,1; XIV 16,5)

Abschreckende Hinrichtungen an Seeräubern sind auch noch aus späteren Jahrhunderten bekannt, es wird später auf sie eingegangen.

Wie bei den Wikingern ist bei den slawischen Unternehmen zur See kaum zwischen einem Raubzug und einer militärischen Aktion zu unterscheiden. Die Schiffe bildeten in jedem Fall wohl nur das Transportmittel, die Kämpfe und Plünderungen fanden dann zu Fuß oder zu Pferde statt, auch wenn die damaligen Geschichtsschreiber von Seeräubern bzw. Piraten schreiben. Den christlichen Chronisten lag es nahe, bei Angriffen auf Christen abwertend von „Raub" zu sprechen.

Einen interessanten Aspekt gibt es zum slawischen Seeraub in der Mitte des 12. Jahrhunderts, von dem Helmold erst für die Jahre nach 1140 berichtet. Damals waren die ostholsteinischen Slawen gerade von den Sachsen besiegt worden und besaßen nur noch Rückzugsgebiete in Wagrien und auf Fehmarn. Zwischen dem sächsischen Herzog Heinrich dem Löwen und dem dänischen König gab es zu dieser Zeit lang anhaltende Machtkämpfe um die Vorherrschaft im südwestlichen Ostseeraum, die allerdings nicht offen aus-

Abb. 6 Nachbau eines slawischen Kielboots vor Rügen, Foto von Thomas Förster

getragen wurden. Es fällt auf, dass Helmold von slawischen Überfällen auf dänische Schiffe und Siedlungen berichtet, deutsche Kaufleute aber offensichtlich unbehelligt blieben. In verschiedenen Maßnahmen des sächsischen Herzogs wird dann deutlich, dass er die Seeraubzüge der Slawen gegen die Dänen als politisches Druckmittel nutzte und Einfluss auf ihre Aktivitäten hatte; dies ging so weit, dass er ihnen z.B. 1159 befahl, ihre Schiffe abzuliefern. Auch aus späterer Zeit sind Anordnungen des Sachsenherzogs gegenüber den Slawen, in Kämpfe einzugreifen oder die Seeräuberei einzustellen bekannt. Seeraub setzte Schiffe, Mannschaften und Unterstützung an Land voraus; bei den Slawen standen sehr wahrscheinlich Angehörige der Oberschicht hinter den Aktivitäten, denn Helmold nennt die ostholsteinischen Fürsten Rochel und Tessemar ‚Seeräuber'. Der slawische Fürst Pribyslaw lieferte aber auch eine Erklärung für den Seeraub seiner Untertanen: Solange sie hohe Abgaben an den sächsischen Herzog und Grafen zahlen müssten, wären sie zu diesem Ausweg gezwungen.

Abb. 7 Kogge mit Leichterfahrzeug, Wandmalerei des 15. Jahrhunderts im Wismarer Rathauskeller

3. Die Seeräuber der Hansezeit

Mit der Ostsiedlung kamen seit dem 12. Jahrhundert neben Bauern, Handwerkern und Geistlichen auch Kaufleute aus dem Westen in den Ostseeraum. Städte wurden gegründet, und durch den rasch zunehmenden Fernhandel nahmen die Warenströme zwischen Ost und West zu. Lübeck entwickelte sich zur führenden Handelsstadt im Ostseeraum. Aus dem Zusammenschluss von Kaufleuten entstand im 13. Jahrhundert die Hanse, ein Städtebund, der bis in das 17. Jahrhundert den Handel im Norden Europas bestimmte.

Es liegt nahe, dass dort, wo wertvolle Waren transportiert wurden, auch Räuber lauerten, zu Land und auf dem Wasser. Überfälle und Raub waren im Mittelalter aber auch ein Mittel der Kriegführung. Deshalb ist bei den Seeräubern der Hansezeit schwer zu unterscheiden, ob sie aus Eigennutz oder im Auftrag handelten, aus Gründen der Existenzsicherung, Profitgier oder aus politischem Kalkül. In jedem Fall dürfen sie nicht mit modernen Wertbegriffen betrachtet werden. Es gilt also vor allem, die verstreuten Kenntnisse über Seeräuber auf der Ost- und Nordsee zusammenzutragen

Abb. 8 Eine Kogge auf dem Stralsunder Siegel von 1329

und in die zeitgenössische politische, soziale und wirtschaftliche Entwicklung einzuordnen.

Aber auch die Schifffahrtstechnik spielte eine wichtige Rolle. Der Handel der Hanse wurde durch den leistungsfähigen Schiffstyp der Kogge begünstigt, die als hochbordiges Seeschiff seit dem 12. Jahrhundert entstand. Die Kogge (Abb. 7 u. 8) besaß nur ein Segel und anfangs ein Seitenruder, das seit dem 13. Jahrhundert durch ein Heckruder abgelöst wurde. Neben einer Decksbeplankung erhielt sie im 13. Jahrhundert Kastellaufbauten über dem Achter- und Vorschiff, von denen aus Bogen- und Armbrustschützen Angriffe abwehren konnten. Umgekehrt nutzten auch die Seeräuber solche Schiffe für Überfälle. Im 14. Jahrhundert verbreitete sich ein neuer, größerer Schiffstyp, der Holk; und im 15. Jahrhundert wurden die Schiffe durch vielfältige Neuerungen noch leistungsfähiger, u.a. besaßen sie nun drei Masten und entsprechend mehr Segel. Gleichzeitig gab es kleine schnelle Segler wie die Schnigge, die auch gerudert werden konnte, und die Schute. Auch bei den Seeräubern werden diese Schiffstypen im Mittelalter erwähnt. Die überwiegende Zahl der Schiffe war damals für den Warentransport vorgesehen, nur ausnahmsweise wurden sie mit Waffen für kriegerische Unternehmen ausgerüstet. Erste Geschütze wurden auf Schiffen in der ersten Hälfte des 15. Jahrhunderts benutzt. Um 1500 kamen die Geschützpforten auf und erlaubten die Aufstellung von Kanonen unter Deck. Ausgesprochene Kriegsschiffe, die

die Handelsfahrzeuge vor Überfällen von Piraten schützen konnten, wurden im Norden erst im 17. Jahrhundert gebaut.

Die Politik der Hansestädte gegenüber Seeräubern war durchaus nicht einheitlich. Dies hing mit den Eigeninteressen der einzelnen Hansestädte, deren Landesherren und damit deren wirtschaftlichen und politischen Abhängigkeiten zusammen. Das bekannteste Beispiel – auf das später noch eingegangen wird - sind wohl die mecklenburgischen Seestädte Wismar und Rostock. Im Interesse ihres Landesherren mussten sie mit den Seeräubern gegen Dänemark zusammenarbeiten, für sie als aktive Mitglieder der Hanse war dies aber völlig gegen ihre Politik eines friedlichen und ungestörten Handelsverkehrs in der Ostsee. Ein gutes Beispiel ist aber auch Kiel, das bereits im 14. Jahrhundert wiederholt in Konflikt mit dem mächtigen Lübeck geriet. Kiels Handel war regional und nach Dänemark ausgerichtet. Da es Sitz der holsteinischen Grafen war, stand es während deren Streits mit dem dänischen König Erich von Pommern (1396-1439) auf gräflicher Seite und musste eine Beeinträchtigung seines Handels in Kauf nehmen. Sowohl die Schauenburger Grafen als auch der dänische König stellten Kaperbriefe an Seeräuber aus, um den gegnerischen und damit auch den Hansehandel zu stören. Diese Kaperbriefe legitimierten die Überfälle von Privatpersonen im Auftrag einer kriegführenden Macht. Die Hansestädte vereinbarten darauf Schutzbündnisse, an denen sich jede Stadt beteiligen musste. Kiel stellte zwischen 1407 und 1475 nur jeweils drei Bewaffnete für den Kampf auf See und damit die geringste Zahl von allen Ostseestädten. Dies mag einerseits auf Kiels relativ geringe Bedeutung im Hansebund zurückzuführen sein, andererseits wollte es sich die Stadt wohl nicht mit den Adligen ihres Umlandes verderben. Diese betätigten sich auch als Seeräuber und setzten ihr Beutegut auf dem Kieler Markt ab. So schützte Kiel seine Kaufleute gegen Seeräuber und erhob dafür Abgaben von seinen Bürgern, andererseits verdienten Kieler Kaufleute an dem Beutegut von Seeräubern. Dies führte bei den anderen Hansestädten zu Protesten, erstmals auf dem Wismarer Hansetag von 1417. Mehrmals sandte darauf der Lübecker Rat Briefe an den Kieler Rat und forderte die Herausgabe von Lübecker Beutegut aus Überfällen von Seeräubern. Die Lage beruhigte sich etwas, als sich die wendischen Hansestädte an der Seite der Schauenburger Grafen in den Konflikt mit dem dänischen König einschalteten. Kiel blieb während des 15. Jahrhunderts dennoch weiterhin ein wichtiger Umschlagplatz für die Beute von Seeräubern, in den zeitgenössischen Hanseakten ‚serovere' genannt.

Abb. 9 Schiffbruchszene des 15. Jahrhunderts aus St. Nikolai, Stralsund

Ein besonders lohnendes Gebiet für Seeräuber scheint in der Frühzeit der Hanse die Elbe zwischen Hamburg und ihrer Mündung gewesen zu sein. Bereits 1304 musste der Rat von Meldorf dem Hamburger Rat versichern, dass er keine Seeräuber in Dithmarschen dulden, sondern sie verfolgen und bestrafen werde. Alle, die dort in Verdacht standen, Seeraub auf der Elbe begangen zu haben, mussten schwören, niemals gegen irgendeinen Kaufmann vorzugehen. Schon 1306 gab es aber eine erneute Beschwerde Hamburgs, die Erzbischof Giselbert von Bremen zum Anlass nahm, die Dithmarscher wegen ihrer Raubzüge auf der Elbe und der Eider und der Tötung von Kaufleuten zu verwarnen. Er drohte mit einem Interdikt und einem Wirtschaftskrieg gegen Dithmarschen. Der Rat von Meldorf erneuerte darauf seinen Vertrag mit Hamburg, der Seeraub auf der Elbe war dennoch nicht beendet. Im Jahr 1308 oder 1309 lieferten die Hadeler den Hamburgern einige Männer aus, vermutlich Seeräuber, die in Hamburg hingerichtet wurden. Dies nahmen die Bewohner von Brunsbüttel und Groden zum Anlass, Schiffe zu plündern, und mussten von den Meldorfern in die Schranken gewiesen werden. Um die Seeräuberei zu bekämpfen, schlossen Stade und Hamburg 1309 einen Vertrag, in dem vorgesehen war, die Elbe zu befrieden. Stade sollte vier, Hamburg drei Bewaffnete ausrüsten, die gegen Seeräuber vorgehen konnten. Der Gewinn aus deren Aktivitäten sollte im gleichen Verhältnis geteilt werden. Im Jahr 1310 versicherte das Land Hadeln dem Hamburger Rat, dass es Kaufleute beschützen und Seeräuber verfolgen werde. Als Seeräubernester galten damals die Dörfer Steynmerne, Duhnen und Stickenbüttel.

Hinter diesen Seeräuberaktivitäten an der Elbmündung könnte noch eine andere Art von Raub gesteckt haben, die ebenfalls die Schifffahrt der Hansezeit bedrohte: der Strandraub. An vielen Küsten kam es vor, dass gestrandete Schiffe ausgeplündert oder sogar durch irreführende Signale in Untiefen oder auf Klippen gelockt wurden. Schon wer den Hamburger Hafen elbabwärts verlassen hatte, lief Gefahr, Opfer von Strandräubern zu werden. Schiffe, die sich bei Ebbe in Ufernähe trocken fallen ließen, wurden z.B. von Erzbischof Albert II. von Bremen (1362-1395) rücksichtslos als Strandgut betrachtet und von seinen Vögten in Bremervörde überfallen. Die Besatzungen wurden getötet, Reisende aber auch gefangen genommen, um Lösegeld zu erpressen. Die Hamburger erhielten zwar von Kaiser Karl IV. 1359 ein Privileg, Strand- und Seeräuber verurteilen zu dürfen, erst 1387 gewannen sie aber einen Prozess gegen den Erzbischof von Bremen wegen des Strandraubs.

Gegen einzelne Seeräuberschiffe musste jede Schiffsbesatzung eines Handelsschiffs im Hoch- und Spätmittelalters ausgerüstet sein; verschiedene Nachrichten belegen, dass dann durchaus auch Überfälle abgewehrt werden konnten. Schwieriger wurde es, wenn die Seeräuber organisiert mit mehreren Schiffen auftauchten. Dagegen half nur die Fahrt in Verbänden, die seit dem

13. Jahrhundert nachgewiesen ist. Zu einem festgelegten Termin trafen sich dann 20 oder sogar 30 Schiffe in einem Hafen und fuhren – bisweilen unter dem Schutz von bewaffneten Begleitschiffen – gemeinsam los. Gegen das wohl größte Problem der Hanse mit Seeräubern, die Vitalienbrüder, die in den letzten Jahrzehnten des 14. und zu Beginn des 15. Jahrhunderts den Handel auf der Ost- und Nordsee massiv beeinflussten, mussten jedoch viel weiter gehende Maßnahmen ergriffen werden.

4. Die Vitalienbrüder im Ostseeraum

Der Frieden von Stralsund im Jahr 1370 markiert den Höhepunkt der hansischen Macht im Ostseeraum. Es war den Hansestädten gelungen, die Ausdehnung des dänischen Königreichs unter Waldemar IV. Atterdag (1340-1375) einzuschränken und ihre Handelsstellung zu bewahren. Waldemars Tod 1375 und die ungeklärte Thronfolge führten jedoch zu einer instabilen politischen Lage, und so verwundert es nicht, dass für 1376 eine Zunahme der Seeräuberei in der Ostsee verzeichnet wird. Die Seeräuber konnten zudem hoffen, von einer der Parteien im Thronfolgestreit in Anspruch genommen zu werden. Die Hansestädte reagierten jedoch sofort und rüsteten ‚Friedeschiffe' (vredenschepe) aus, in Kriegsschiffe umgewandelte Koggen; sie wurden von Ratsherren befehligt und mit Söldnern bemannt. Die Kosten für die Ausrüstung durch Lübeck und Stralsund wurden durch einen Schiffszoll aufgebracht.

Als Nachfolger des dänischen Königs kam nur ein Sohn einer seiner beiden Töchter in Frage: Ingeborg war mit Herzog Heinrich III. von Mecklenburg verheiratet, ihr Sohn Albrecht IV. war von Waldemar auch als Nachfolger vorgesehen worden. Margarete, die jüngere Tochter Waldemars, war mit dem norwegischen König Hakon VI. verheiratet und besaß einen Sohn Olaf VI. Die Hansestädte hatten sich im Frieden von Stralsund ein Mitspracherecht bei der Königswahl ausbedungen. Nun war die Nachfolge aber rechtlich offen, und ein Machtkampf zwischen den verschiedenen Parteien setzte ein. Schließlich wurde 1376 Olaf VI. zum dänischen König gewählt, seine Mutter Margarete übte für ihren noch unmündigen Sohn die Regentschaft aus. Die Wahl erfolgte mit Zustimmung der Hanse, die wohl in einer dänisch-norwegischen Verbindung eine geringere Gefahr sah als im Expansionsdrang der Mecklenburger. Letztere hatten zudem enge Verbindungen zu Schweden, denn der Bruder Herzog Heinrichs III., Albrecht III., war schwedischer König.

Die Mecklenburger wollten sich mit der neuen politischen Lage nicht abfinden und warben bei den Seeräubern in der Ostsee spätestens im Frühjahr

1377 um ihre Beteiligung am Kaperkrieg gegen Dänemark. Erstmals soll sich damit eine der Mächte an der Ostsee der Seeräuber bedient haben. Die einzelnen unorganisierten Seeräubergruppen wurden wohl von mecklenburgischen Adligen geführt, Genaueres ist nicht bekannt. Die Hansestädte verordneten jedenfalls im Mai 1377, dass keine Stadt geraubte Güter von Seeräubern kaufen dürfe. Einen Monat später beschlossen sie weitere Maßnahmen gegen die Seeräuber für das folgende Jahr. Allerdings wurden Wismar und Rostock von diesen Beschlüssen ausgenommen, da sie in der Doppelrolle als mecklenburgische Landstädte und Mitglieder der Hanse in einer Zwickmühle saßen. Tatsächlich weigerten sich die beiden Städte sogar, den Beschluss der Hanse anzuerkennen, dass, wer Seeräubern Unterschlupf gewähre, sich ebenso schuldig mache wie die Seeräuber selbst. Dies mag auf eine mehr oder weniger offene Unterstützung der Seeräuber durch die beiden Städte hindeuten.

Die Aktivitäten der Seeräuber nahmen zu und richteten sich – wohl in alter Gewohnheit – nicht nur gegen Dänemark, sondern auch gegen Schiffe der Hanse. Im Frühjahr 1377 gaben Stralsund und Lübeck bekannt, dass in Jütland, Schonen und auf Rügen mehrere hundert Seeräuber festgestellt worden seien; im Herbst 1377 wurde konstatiert, dass sie großen Schaden angerichtet hätten. 1378 und 1379 beschloss die Hanse daraufhin – gegen den Widerstand Wismars und Rostocks – Friedeschiffe von Lübeck, Stralsund und Greifswald ausrüsten zu lassen, die die Handelsschiffe auf der Ostsee begleiten und beschützen sollten. Für die weiteren Entscheidungen der Hanse ist es jedoch bezeichnend, dass sich die preußischen Städte 1380 weigerten, erneut Schiffe zu finanzieren, da ihnen nun die Kosten zu hoch wurden.

Wiederum gab es Überfälle auf die Handelsschifffahrt, und so mussten die Städte 1381 erneut beschließen, Friedeschiffe auszurüsten, diesmal allerdings unter der Bedingung, dass sich die süderseeischen, preußischen und livländischen Hansestädte beteiligten. Vier große Schiffe und zehn Schniggen sollten auf der Ostsee patrouillieren. Dieser Beschluss wurde – wohl demonstrativ – auf einem Hansetag in Rostock gefasst, denn auch die beiden mecklenburgischen Seestädte, deren Landesherr den Kampf gegen Dänemark vorübergehend eingestellt hatte, wollten sich beteiligen. Der Seeraub hielt aber an, ohne dass Rostock und Wismar den Seeräubern Unterschlupf gewährten. Diese hatten nun Stützpunkte für ihre Raubzüge bei dänischen Adligen gefunden, ein Hinweis darauf, wie unpolitisch und rein auf den Profit bedacht die Seeräuber handelten. Es lag auch durchaus im Interesse von Königin Margarete, den Handel der Hanse zu stören. Zudem wollte sie die seit dem Frieden von Stralsund 1370 von der Hanse besetzten Sundschlösser Skanör, Falsterbo, Helsingborg und Malmö zurückerhalten.

1381 ließ die Hanse noch Friedeschiffe in der Ostsee fahren, im Spätsommer dieses Jahres schloss sie dann unter dänischer Vermittlung einen Frieden mit den Seeräubern bis zum kommenden Mai. 1383 mussten dann wieder

Abb. 10 Margarete von Dänemark, Skulptur von Johannes Junge für ihr Grabmal, um 1420

Koggen eingesetzt werden, denn das Seeräuberproblem verstärkte sich erneut. Im folgenden Jahr wurde die Zahl dieser Friedekoggen auf vier verdoppelt, zwei stellten erstaunlicherweise die Dänen. Königin Margarete (Abb. 10) hatte als kluge Taktikerin erkannt, dass es langfristig erfolgversprechender war, mit der Hanse gegen die Seeräuber vorzugehen und so die Sundschlösser vielleicht bald in dänischen Besitz zu bekommen. Tatsächlich übergab die Hanse 1385 die Schlösser wieder an die Dänen und erhielt dafür eine Bestätigung ihrer Privilegien in Dänemark.

Der ständigen Verhandlungen über die Finanzierung der Seeräuberbekämpfung anscheinend überdrüssig, beauftragte die Hanse am 16. März 1385 den Stralsunder Wulf Wulflam, Sohn des dortigen Bürgermeisters, mit der Befriedung der Ostsee in diesem Jahr. Die Vereinbarungen für eine solche Aufgabe mussten attraktiv genug für einen Mann sein, der sich damit auf ein gefährliches Unternehmen einließ. Zugleich musste er Erfahrungen im Kampf haben; Wulflam hatte diese vielleicht als Verwalter der vier Sundschlösser für die Hanse gesammelt. „Ein Vertrag wurde von den betreffenden Städten mit Wulf Wulflam geschlossen, die See zu befrieden, wozu er ein großes Schiff und gleich viele Schniggen wie Schuten benötigt, ferner hundert brauchbare und gut gewappnete Krieger. Mit den Schiffen und hundert Kriegern soll er die Schifffahrtswege sichern und zugleich damit die Seeräuber vertreiben, so gut er kann und mag – ohne Arglist. Und er soll vierzehn Tage nach Ostern in der See sein und in der See bleiben bis zum St. Martins Tag (11.11.). Für alle Schäden an den Schiffen, die Verköstigung der Mannschaften und ihre Bezahlung sowie denkbare Freikäufe aus Gefangenschaft – dafür muss er alleine einstehen. Und für all dies sollen ihm die Städte 5000 Mark sundisch geben, außerdem sollen sie ihm vier Schniggen mit Tauwerk und Ausrüstung leihen, kurz: mit allem was dazu gehört, außerdem 6 Büchsen und 32 Armbrüste mit der entsprechenden Munition. Und was die Schniggen, Büchsen, Armbrüste und Munition betrifft – hierfür sollen die Städte das Risiko tragen, falls Schäden oder Verluste eintreten. Wenn nun der Fall eintritt, dass er den Seeräubern Fracht abnimmt, so soll das ihm gehören, es sei denn, dass die Seeräuber es vorher einem verbündeten Kaufmann abgenommen hätten. Das sollte man dem Kaufmann wiedergeben, dem es zuvor gehörte, oder dessen Freunden, die darauf Rechtsanspruch hätten. Finge er nun irgendwelche Seeräuber ein oder jemanden, den sie dann an Bord unterbringen und ernähren müssten, den sollte er hinrichten und nicht etwa verwahren, oder ihn nach den Städten senden, damit sie ihn dort richteten ohne jede Arglist.“ (Hanserecesse I 2, Nr. 300, S. 353; Bracker, Kopfgeldjagd, S. 116)

Die Vereinbarungen dieses Vertrags sind recht eindeutig und beschreiben genau, wer dabei welches Risiko trug. Auch wurde es mit der Herkunft der von den Seeräubern erbeuteten Waren nicht so genau genommen. Ebenso wenig wurde auf längere Prozesse mit den Seeräubern Wert gelegt, sie waren am besten von Wulflam sogleich hinzurichten. Der Erfolg von Wulflams Aktivitäten ist nicht bekannt, aber auch von den Seeräubern sind aus diesem Jahr keine Überfälle überliefert. Vielleicht wurde das Problem tatsächlich vorerst gelöst. Zwanzig von ihnen schlossen sogar 1386 einen Frieden mit den Hansestädten und Dänemark, und bis zum Ende des Jahrzehnts scheint der Handelsverkehr auf der Ostsee ungestört verlaufen zu sein.

Wiederum war es die große Politik, die am Ende der 1380er Jahre das Seeräuberproblem auf der Ostsee belebte. Königin Margarete und der dänische

Abb. 11 Herzog Albrecht II. von Mecklenburg übergibt seinem Sohn Albrecht III. die Fahne der drei nordischen Reiche, Miniatur aus der Mecklenburgischen Reimchronik des Ernst von Kirchberg, 1378

Adel planten damals, Norwegen, Schweden und Dänemark unter einer Krone zu vereinigen. Margaretes Mann, der norwegische König, war bereits seit 1380 tot, 1387 starb auch ihr Sohn, König Olaf; sie herrschte nun über Norwegen und Dänemark. Der schwedische König Albrecht III. (Abb. 11), zugleich Herzog von Mecklenburg, ging gegen Margaretes Pläne militärisch vor, wurde 1389 aber geschlagen und gefangen, und sie brachte Schweden mit Ausnahme von Stockholm unter ihre Herrschaft. Die Mecklenburger gaben ihre Ansprüche aber nicht auf und begannen 1390 einen Krieg gegen Dänemark auf zwei Arten: durch direkte Angriffe und durch das Kapern von Handelsschiffen. Im Juni 1390 beschwerte sich das seit 1361 dänische Visby auf Gotland bei der Hanse, dass die Hauptleute Rostocks und Wismars seinen Kaufleuten Schiffe weggenommen hätten, obwohl keine Feindschaft zwischen diesen Städten bestehe und es von der Krone Dänemarks privilegiert sei. Offensichtlich gelang es den Mecklenburgern damals rasch, die noch existierenden Seeräubergruppen zu aktivieren. Zu diesem Zweck wurden die mecklenburgischen Häfen für alle geöffnet, die sich am Kaperkrieg gegen Dänemark beteiligten. Der Lübecker Chronist Reimar Kock schrieb dazu in der Mitte des 16. Jahrhunderts: „In demselben Jahr, als die Schiffe von Rostock und Wismar mit Herzog Johann nach Stockholm unterwegs waren, da ließen die von Rostock und Wismar ausrufen, dass derjenige, der auf seine freie Beute und auf seine eigenen Kosten sein Glück versuchen wolle, um die Reiche Dänemark und Norwegen zu berauben und zu schädigen, sich in den Städten Wismar und Rostock einfinden solle, um Kaperbriefe zu erlangen, wo es ihnen auch erlaubt sei, frei zu teilen, zu tauschen und die geraubten Waren zu verkaufen. Der Fürst ließ das gleiche ausrufen, dass die Häfen Ribnitz und Golwitz für alle, die die eben genannten Reiche schädigen wollten, geöffnet werden sollten." (Kock, S. 493 f.; Puhle, S. 37)

Die preußischen Städte protestierten als erste gegen diese Schädigung von Kaufmannsschiffen. Erneut nahmen Rostock und Wismar eine problematische Stellung zwischen den Interessen der Hanse und Mecklenburgs ein. Matthias Puhle hat zu recht darauf hingewiesen, dass es den Räten der Städte nicht leicht gefallen sein wird, sich für ihre Landesherren und gegen die Hanse, also auch gegen ihre Kaufmannsinteressen, zu entscheiden. Auch wird die Anwesenheit von Seeräubern in den Häfen zur Beunruhigung der Bevölkerung beigetragen haben. Tatsächlich erklärten Wismar und Rostock, dass sie zu diesen Maßnahmen durch ihre Landesherren und den mecklenburgischen Adel gezwungen worden seien. Wenige Jahre später, 1394, bemerkten sie allerdings auch, dass sie in hansischem Interesse handeln würden, da Margarete mit der Herrschaft in Norwegen und Dänemark schon mächtig genug sei und nicht auch noch Schweden besitzen dürfe. Lübeck und die anderen Städte würden sich dagegen tatenlos verhalten.

In dem sich abzeichnenden Konflikt auf der Ostsee gab es gute Aussichten, Gewinn zu machen, und so fanden sich in den mecklenburgischen Häfen ganz unterschiedliche Männer von überall her ein. Reimar Kock schilderte dies folgendermaßen: „Es ist nicht zu beschreiben, was an losem und bösem Volke zusammenlief aus allen Ländern von Bauern und Bürgern, von Amtsknechten und anderem losen Volke, die alle nicht arbeiten wollten, sie ließen sich dingen, sie wollten alle von den armen dänischen und norwegischen Bauern reich werden. Dies ließ sich am Anfang wohl als eine profitable Sache an, wodurch den Feinden großer Abbruch getan wurde. Wenn man dem losen Haufen (erst einmal) freie Hand ließ, so konnte man ihn doch mit aller Macht kaum mehr daran hindern, Böses zu tun, selbst wenn man ihn unter großem Zwang hielt. Diese Gesellen, die sich so versammelten, die keinen Sold erhielten, sondern auf eigene Rechnung fuhren, nannten sich Vitalienbrüder. Als sie zur Seefahrt kamen, vergaßen sie sehr bald ihre eigentliche Bestimmung und sahen als Feind alle an, die ihnen auf See in die Quere kamen, was man zu Hause in Wismar und Rostock nicht hörte, davon werden wir hiernach noch vieles hören." (Kock, S. 494; Puhle, S. 40)

Der Chronist schilderte in diesen wenigen Sätzen anschaulich mehrere Aspekte der Seeräuberei: die soziale Herkunft der Männer, deren Intentionen und die Schwierigkeit, sie unter Kontrolle zu halten. Und er benutzte die Bezeichnung „Vitalienbrüder" (vitalienses), unter der die Seeräubergruppen in der Ost- und Nordsee in den Jahren um 1400 bekannt wurden. Die Herkunft dieses Begriffs ist umstritten. Eine weit verbreitete Ansicht ist, dass er mit der Aufgabe der Seeräuber entstand, die belagerte Stadt Stockholm mit Lebensmitteln, ‚Viktualien', zu versorgen. Allerdings taucht die Bezeichnung ‚Vitalienses' bereits 1390 in den Hamburger Kämmereirechnungen auf, als die Seeräuber noch gar nicht in dieser Hinsicht aktiv waren. Eine andere Erklärung nimmt bezug auf die Erwähnung Reimar Kocks, dass die Seeräuber keine Entlohnung erhielten, sich also – auch mit Lebensmitteln – selbst versorgen mussten. Eine weitere Bezeichnung der Seeräuber war seit etwa 1398 ‚Likedeeler', also ‚Gleichteiler'. In ihr steckt ein bemerkenswerter sozialgeschichtlicher Aspekt, der entgegen der hierarchischen mittelalterlichen Gesellschaft auf genossenschaftliche Elemente des Zusammenhalts der Seeräuber hinweist. Hier mag auch eine Wurzel für die spätere, Jahrhunderte andauernde positive Verklärung der Seeräuber liegen.

In den 1390er Jahren waren die Seeräuber auf der Ostsee in ganz unterschiedliche Konflikte einbezogen und bildeten eine ständige, nicht zu unterschätzende und immer wieder beklagte Bedrohung für den Seehandel der Hansestädte. Seit 1391 war es für Handelsschiffe gefährlich geworden, auf der Ostsee zu segeln, denn die Seeräuber waren unberechenbar. Andererseits beschlossen die Hansestädte keine generellen und gemeinsamen Maßnahmen gegen diese Bedrohung, denn in den Städten hatten Kaufleute das Sagen, die wirtschaftlich dachten. Sie ließen es erst dann zu militärischen Maßnahmen kommen, wenn es keine andere Möglichkeit mehr gab. Mindestens genauso wichtig war den Hansestädten, sich nicht in den mecklenburgisch-dänischen Konflikt einzumischen und Neutralität zu wahren, da sonst der Handelsverkehr in der Ostsee völlig zum Erliegen gekommen wäre.

Abb. 12 Kampf auf Koggen, Illustration in einer englische Handschrift des frühen 14. Jahrhunderts

Als z.B. im Sommer 1391 mecklenburgische Kaperer vor Bornholm unbeteiligte preußische Handelsschiffe aufbrachten, protestierten die preußischen Städte und verlangten Wiedergutmachung. Sie erhielten von den mecklenburgischen Städten und dem Herzog aber nur hinhaltende Entschuldigungen. Lübeck schrieb an die preußischen Städte: „Liebe Freunde, wir möchten, dass ihr wisst, dass die von Rostock und von Wismar ihre Häfen geöffnet haben für die Mecklenburger und ihre Helfer. Da die Räuber sich in großer Zahl gesammelt haben und in See liegen, gibt es viel Raub und großen Schaden für die Seefahrt, und es geschieht wieder das, was von Zeit zu Zeit geschehen ist, dass viele Kaufleute gefangen werden und ihr Leben verlieren und Waren vernichtet werden... Wir schreiben euch das und teilen das deshalb mit, damit ihr eure und andere Kaufleute, die sich bei euch aufhalten, von der Gefahr unterrichtet und sie warnt, dass sie nicht auf die See hinausfahren, es sei denn, dass sie in einer Flotte fahren und sich zusammenhalten, so dass sie keinen Schaden nehmen können.“ (Hanserecesse I 4, Nr. 60, S. 65; Puhle, S. 50 f.) Die preußischen Städte hielten sich aber nicht an die Lübecker Empfehlung, und so wurden zwei Schiffe aus Elbing von die Vitalienbrüdern vor Bornholm geplündert.

Wenn eine solche Kaperung allerdings scheiterte und die Hansestädte der Seeräuber habhaft werden konnten, drohten diesen trotz ihrer Kaperbriefe schwere Strafen. Reimar Kock berichtet dazu: „Es begab sich aber in diesem Jahr (1391), dass etliche von diesen Vitalienbrüdern ein (stral)sundisches Schiff anfielen und es mit Gewalt nehmen wollten, obwohl sie hörten und sahen, dass es nicht Dänen sondern Deutsche waren. Aber die von dem Stral-

Abb. 13 Englische Nahkampfwaffe des 14. Jahrhunderts, Fund aus dem Hamburger Hafen

sunder Schiff wehrten sich und überwanden die Vitalienbrüder und brachten mehr als hundert in ihre Gewalt. Da aber Ketten und hölzerne und eiserne Fußfesseln nicht genügend vorhanden waren, wurde beratschlagt, ob man sie unter ein Gelübde stellen sollte; sie hätten diejenigen, die sie gefangen hatten, vielleicht im Schlafe erwürgt. Deshalb erdachten sie eine neue Art, die Vitalienbrüder zu verwahren: Sie nahmen Tonnen, von denen sie viele geladen hatten, schlugen einen Boden heraus und in den anderen Boden ein so großes Loch, dass der Boden den Hals eines Menschen umschloss und steckten einen nach dem anderen von den Vitalienbrüdern in die Tonnen, so dass der Kopf aus der Tonne herausguckte, und schlugen die Tonne wieder zu. Sie stapelten die Vitalienbrüder auf einen Haufen, wie man Tonnen zu stapeln pflegt, und fuhren sie also nach Stralsund. Die Vitalienbrüder blieben auch in den Tonnen so lange, bis man sie mit Wagen an die Stätte fuhr, wo man ihnen die Köpfe abschlagen würde. Diese Art, die Gefangenen zu behandeln, hatten die Stralsunder von den Vitalienbrüdern gelernt, die hatten manchen armen Dänen genauso geschunden und gemartert." (Kock, S. 494 f.; Puhle, S. 43 f.)

Zu einer bemerkenswerten Aktion der Vitalienbrüder, deren Hintergründe noch ungeklärt sind, kam es im Jahr 1393. Am 22. April überfielen und plünderte sie mit einer Flotte von angeblich 18 Schiffen, auf denen 900 Schützen waren, das norwegische Bergen. Sie traten damit erstmals außerhalb der Ostsee auf. In Bergen lag eines der vier hansischen Kontore; es war wie die Kontore in Brügge, London und Nowgorod ein zentraler Handelsplatz für die hansischen Kaufleute. Bei diesem Überfall sollte es aber anscheinend geschont werden und tatsächlich berichten die hansischen Quellen nichts darüber. In der Rufus-Chronik heißt es zu diesem Überfall: „In dem selben Jahr, ... da fuhren die Rostocker und die Wismarer Vitalienbrüder nach Norwegen und schunden den Kaufmann zu Bergen; sie nahmen viele Kleinode in Gold und Silber und kostbare Kleider, Hausrat und auch Fische. Mit dem großen Schatz fuhren sie dann, ohne zurückgehalten zu werden, nach Rostock und verkauften ihn unter den Bürgern; das war denen willkommen; den anderen Teil des Raubs fuhren sie nach Wismar und verkauften ihn dort: die Bürger beider Städte machten sich wenig Gedanken, ob die Ware rechtlich oder widerrechtlich in Besitz genommen worden war." (Rufus-Chronik, S. 50 f.; Puhle, S. 52 f.)

Eine isländische Quelle zu diesem Ereignis, die Flatøannaler, ist etwas aufschlussreicher; darin heißt es, dass Deutsche die Stadt Bergen überfallen hätten, um im Tausch Norwegen gegen den gefangenen Albrecht von Königin Margarete zu verlangen. Ihre Anführer seien mecklenburgische Adlige gewesen; es ist sogar sehr wahrscheinlich, dass diese Anführer Verwandte König Albrechts waren. In einer englischen Klageakte wiederum heißt es zu diesem Überfall: „... Übeltäter und Räuber von Wismar und andere von der Hanse erreichten mit einer großen Menge von Schiffen Bergen in Norwegen und nahmen besagte Stadt ein ..., raubten ihre Güter ..., brannten ihre Häuser nieder und verlangten hohe Lösegelder für die Gefangenen ..." (Cordsen, S. 30; Puhle, S. 55) Da auch englische Kaufleute aus Lynn von diesem Überfall betroffen waren, hat Puhle betont, dass es nahe lag, die Hanse für diesen Überfall mitverantwortlich zu machen. Bei deren Kaufleuten konnte man Regressforderungen geltend machen, aber nicht bei Seeräubern, die kaum zu identifizieren waren. Darüber hinaus konnten die Engländer nicht unterscheiden, ob Schiffe aus Wismar und Rostock in hansischem Interesse handelten oder nicht, schließlich gehörten die Städte der Gemeinschaft an. Da anscheinend die deutschen Kaufleute in Bergen – etwa ein Drittel der damals rund 6000 Einwohner – von dem Angriff verschont blieben, hatten die Engländer einen besonderen Grund, gegenüber der Hanse misstrauisch zu sein. Den Vitalienbrüdern hingegen musste bewusst sein, dass wenn sie die Deutsche Brücke in Bergen angriffen, sie die Hanse zu Gegenmaßnahmen herausforderten. Hintergrund der Aktion von 1393 wird erneut der Konflikt zwischen Mecklenburg und Dänemark gewesen sein, denn mecklenburgische Adlige führten den Überfall an. Die Vitalienbrüder waren zwar an diesem Unternehmen beteiligt, sind aber noch nicht als heterogene und selbständig handelnde Gruppe mit eigenen Führern auszumachen.

Der Seekrieg in der Ostsee während der Jahre 1393 und 1394 führte zum fast völligen Niedergang der Handelsschifffahrt und damit zu starken Preissteigerungen. Bis weit in das Binnenland hinein wurden Fisch – besonders Hering – und Getreide teurer. Auf den wichtigen Messen in Skanör und Falsterbo auf der Halbinsel Schonen wurde der Handel eingestellt, was auch Königin Margarete empfindlich traf, da Dänemark dort beträchtliche Abgaben erhob. Die Hanse drängte nun auf eine Lösung des Konflikts, und tatsächlich trafen sich Margarete, die Mecklenburger und Vertreter der Hansestädte im September 1393 in Schonen zu Friedensverhandlungen. Diese kamen aber zu keinem Ergebnis, da man sich nicht auf eine befristete Freilassung König Albrechts und die Übergabe Stockholms aus mecklenburgischer Hand in eine neutrale Verwaltung einigen konnte.

Tatsächlich zögerte Margarete die Verhandlungen hinaus, denn sie beabsichtigte, erst Stockholm in ihre Hand zu bekommen. Zu diesem Zweck ließ sie im Winter 1393/94 die Belagerung der Stadt verstärken und versuchte, sie durch Aushungern zur Übergabe zu bewegen. Durch den Einsatz der Vitalienbrüder auf mecklenburgischer Seite konnte diese Absicht Margaretes vereitelt werden; diese Aktion bildete später einen Teil des Mythos der Seeräuber als wagemutiger Männer der Hansezeit. Es gelang ihnen, mit acht großen Schiffen aus Wismar Proviant und Bewaffnete durch den Belagerungsring nach Stockholm zu bringen. Obwohl die Schiffe dabei im Frühjahr 1394 im Eis bei Dalarö südwestlich von Stockholm einfroren, konnten sie sich gegen dänische Angriffe wehren und die Stadt erreichen. Befehligt wurde die Flotte von einem Meister Hugo aus Wismar und setzte sich wohl – wie bei dem Angriff auf Bergen – aus regulären mecklenburgischen Bewaffneten und Vitalienbrüdern zusammen; wahrscheinlich waren auch die später als Seeräuber so bekannten Klaus Störtebeker und Godeke Michels dabei.

Nach dem Scheitern der Eroberung von Stockholm war ein Erfolg in dem Konflikt für beide Seiten nicht absehbar. Nun verstärkte die Hanse den Druck auf die Kontrahenten zu einem Friedensschluss, um den Ostseehandel wieder zu beleben. Ihr zur Seite stand der Deutsche Orden, dessen Städte in Preußen am schwersten von dem Handelsniedergang betroffen waren. Auf einem Hansetag in Lübeck am 3. März 1394 beschlossen die Hansestädte, zwar nicht direkt in den Konflikt einzugreifen, wollten aber 36 Koggen und vier Rheinschiffe mit 3500 Bewaffneten aufbringen, die die hansische Schifffahrt auf der Ostsee schützen sollten. Zusätzlich erhielt jede Kogge noch eine Schute und eine Schnigge als Unterstützung, und auf den beiden livländischen Koggen sollten sich je 20 Armbrustschützen befinden. „Wegen des gewaltigen Schadens, der durch zahlreichen Seeraub und Mord schon seit langem dem Kaufmann auf der See zugefügt wurde und immer noch wird, haben die Städte auf dieser Tagfahrt beschlossen, die See von den Seeräubern zu befreien, damit der Kaufmann ungefährdet über die See fahren kann." (Hanserecesse I 4, Nr. 192, § 6, S. 168; Puhle, S. 76) Die Größe dieser Flotte zeigt, wie bedrohlich der dänisch-mecklenburgische Konflikt und die Aktivitäten der Vitalienbrüder waren und welchen finanziellen Aufwand die

Hansestädte zu leisten bereit waren, um den Handel wieder in Gang zu bringen. Die Flotte kam allerdings nicht zustande, da sich die preußischen Städte weigerten, ihren Beitrag von zehn Koggen zu leisten. Der Hintergrund war, dass der neue Hochmeister des Deutschen Ordens, Konrad von Jungingen, zur mecklenburgischen Seite neigte. Da die Flotte aber gegen die Vitalienbrüder gerichtet war, hätte sie den Mecklenburgern geschadet.

Ein Ende der politischen Konflikte im Ostseeraum war absehbar, das Seeräuberproblem war jedoch weiterhin nicht gelöst. Im März 1394 wurden etwa 1200 von ihnen in Golwitz bei Wismar bemerkt; was sie beabsichtigten, ist nicht bekannt. Golwitz war ein typischer kleiner Hafen, der wie der geschützte Küstenstrich um Rügen, Wustrow und das Fischland oder die Doberaner Wiek an der Küste von Mecklenburg und Vorpommern als Rückzugsgebiet und Nothafen für Schiffe geeignet war. Schon 1345 z.B. hatten sich dort hansische Friedeschiffe gesammelt, erneut dann 1381. Golwitz wird auch in späteren Zeiten als zwar nicht privilegierter, aber wiederholt genutzter Hafenplatz erwähnt.

Im Juli 1394 trafen sich die Hansestädte mit Königin Margarete in Helsingborg, und man einigte sich u.a. auf die Freilassung König Albrechts; im September 1394 stimmten in Rostock auch die Mecklenburger diesen Vereinbarungen zu. Die Vitalienbrüder ließen sich von dieser Entwicklung in ihren Unternehmungen aber nicht aufhalten, sie konnten kein Interesse an einer Beendigung der Konflikte haben. Vielleicht entzogen sie sich zu dieser Zeit auch schon der Unterordnung unter die Mecklenburger Fürsten und agierten unabhängig in der Ostsee. Lübeck schrieb damals an die preußischen Städte: „Es kommen uns Tag für Tag große Klagen zu Ohren, dass der Kaufmann, der von Freundesland zum Freundesland segelt, aufs Schwerste geschädigt wird, also dass Schiffe und Leute gekapert wurden, die Schiffe und die Waren weggenommen und die Leute über Bord geworfen wurden." (Hanserecesse I 4, Nr. 238, S. 232 f.; Puhle, S. 81)

Die Seeräuber nutzten die Zeit bis zu den geplanten Friedensverhandlungen im Frühjahr 1395 in Falsterbo für eine gewagte Aktion. Der Hauptmann von Stockholm, Albrecht von Pecatel, griff mit einem Heer von Vitalienbrüdern die Stadt Visby auf der Insel Gotland an und eroberte sie. Die Insel war seit ihrer blutigen Eroberung 1361 durch Margaretes Vater Waldemar in dänischen Besitz und wurde nun zum großen Teil von den Vitalienbrüdern beherrscht. In den Friedensverhandlungen hatte sich nun die Position Mecklenburgs verbessert, es kann aber auch sein, dass die Seeräuber nur neue Stützpunkte suchten. Tatsächlich wurde in den endgültigen Verhandlungen zwischen Dänemark, Mecklenburg, dem Deutschen Orden und den Hansestädten im Mai 1395 in Falsterbo die Freilassung König Albrechts und die Übergabe Stockholms als Pfand an die Hansestädte festgelegt.

Die Vitalienbrüder verloren damit jede Legitimation für ihre Aktivitäten und verlegten sich auf reinen Seeraub. Die Insel Gotland entwickelte sich nun zu einem Stützpunkt für Seeräuber in der Ostsee. Hier hielt Albrecht von Pecatel die Stadt Visby gegen den dänischen Hauptmann Sven Sture, der den Rest der Insel kontrollierte. Bemerkenswert ist, dass sich auch Sture auf eine Gruppe von Vitalienbrüder stützte. Daraus lässt sich schlussfolgern, dass es diesen Seeräubern ausschließlich um den Raub ging und ihnen politische Zielsetzungen oder eine bestimmte Loyalität gegenüber einzelnen Herrschern nach wie vor fehlten. Zudem scheint auch ihr Zusammengehörigkeitsgefühl nicht allzu ausgeprägt gewesen zu sein, wenn sie gegeneinander zu kämpfen bereit waren. Somit mag die Interpretation, dass hinter der Bezeichnung ‚Likedeeler' ein genossenschaftliches Prinzip deutlich wird, in Frage gestellt werden.

Dabei ist auch die Frage nach Recht und Unrecht – wie Matthias Puhle betont hat – müßig, denn auch in dem langjährigen Konflikt zwischen Dänemark und Mecklenburg handelten die Vitalienbrüder ohne ein ausdrückliches ‚Recht zum Kapern', das sie vor Strafen schützte; konnten die Dänen oder die Hansestädte ihrer habhaft werden, wurden sie in jedem Fall als Seeräuber hingerichtet. Harte Strafen drohten ihnen also immer. Den Beteiligten an den Friedensverhandlungen war durchaus bewusst, dass die Seeräuber ihre Daseinsberechtigung verloren, aber nicht einfach verschwinden, nach wie vor also eine Bedrohung darstellen würden. Tatsächlich wurde sogar in den Friedensbestimmungen festgehalten, dass die Vitalienbrüder bis zum 25. Juli 1395 die Ostsee zu verlassen hätten; bei einem Bruch des Friedens wurden ihnen Strafen angedroht. Die Städte Rostock, Wismar, Visby und Stockholm wurden aufgefordert, den Vitalienbrüdern ihre Häfen zu verschließen. Die Seeräuber hatten nun keine Territorialherren oder Städte mehr, die ihnen Schutz gewährten. So kam es zu einer Zersplitterung der Seeräuber in mehrere Gruppen; einige von ihnen sollen bereits 1395 ihre Aktivitäten in die Nordsee und sogar weiter bis nach Spanien verlegt haben. Von anderen, etwa 400 Mann, wird berichtet, dass sie russische und hansische Schiffe an der Küste vor Südfinnland plünderten und bis an die Newa nach Russland kamen. Der Hauptteil der Vitalienbrüder lag noch vor Stockholm, unentschlossen, was er machen sollte. Sein Anführer Arnd Stuke segelte Ende 1395 mit einigen Gefolgsleuten fort. Andere begaben sich nach Gotland sowie nach Wismar und Rostock. Ein Teil der Vitalienbrüder wurde von dem schwedischen Adligen Algot Magnusson in Dienst genommen, der Rest durfte mit Erlaubnis der hansischen Besatzung von Stockholm dort überwintern. Im Frühjahr 1396 segelten sie Richtung Russland fort. Ihre Flotte bestand aus acht Karacken und etwa hundert Schuten, geschätzt waren es rund 1400 Mann. Ihre Hauptleute versicherten, dass sie nicht gegen Hansekaufleute oder den Deutschen Orden ziehen wollten. Tatsächlich waren sie 1397 aber

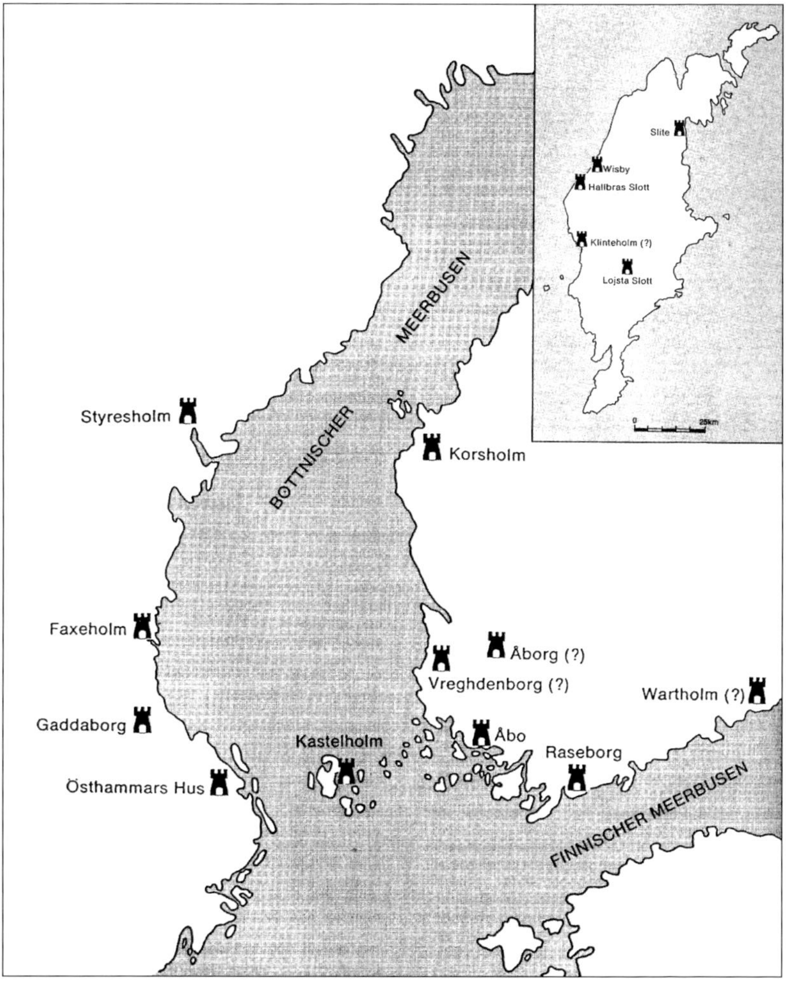

Abb. 14 Mittelalterliche Burgen am Bottnischen und Finnischen Meerbusen sowie auf Gotland um 1400, Entwurf Mats Mogren, Karte Angela Schröder

bei Narwa und Dorpat in Kämpfe mit dem Deutschen Orden verwickelt, als dieser in Livland um seine Vorherrschaft rang. Am Bottnischen und an der nördlichen Küste des Finnischen Meerbusens existierten vom Ende des 14. bis zur Mitte des 15. Jahrhunderts sechs Befestigungen, vier weitere nur in den 1390er Jahren (Abb. 14). Sie lagen meist geschützt am Ende tiefer schiffbarer Buchten, eigneten sich gut als Standorte für Unternehmungen zur See und können durchaus mit den späteren Aktivitäten der verstreuten Vitalienbrüder in Verbindung gebracht werden. Korsholm war von 1395 bis 1399 nachweislich in Besitz von Vitalienbrüdern; wahrscheinlich auch Faxeholm.

Ein zweiter Schauplatz in der Ostsee, auf dem die Vitalienbrüder aktiv waren, blieb Gotland. Um die Insel gab es 1396 und 1397 zwischen Dänemark, Mecklenburg, dem Deutschen Orden und den Hansestädten Auseinandersetzungen, in denen sich die verschiedenen Seiten der Seeräuberei beschuldigten. Die Mecklenburger Herzöge hatten nach wie vor Ambitionen auf die Herrschaft in Schweden, denn Herzog Erich, der Sohn König Albrechts, griff mit einem Heer Gotland an und besiegte im Frühjahr 1397 den dortigen dänischen Hauptmann Sven Sture. Dieser musste Erich den Lehnseid schwören und seine Truppen mit den mecklenburgischen vereinen. Ganz Gotland einschließlich der Vitalienbrüder in Visby, bei denen wohl noch mecklenburgische Adlige Einfluss hatten, war nun unter mecklenburgischer Herrschaft. Weitere machtpolitische Vorhaben des Mecklenburgers scheiterten aber, denn 1397 vereinigte Margarete Dänemark, Schweden und Norwegen in der Kalmarer Union und erreichte damit eine bis dahin unerreichte Machtfülle. Noch im selben Jahr starb Erich auf Gotland, das nun endgültig zu einem Zentrum der Seeräuberei in der Ostsee wurde. Seine Witwe, Margarete von Pommern-Wolgast, machte Sven Sture zum Oberbefehlshaber der Insel, „... und die Witwe ließ alle Vitalienbrüder auf das Land, und sie raubten den gemeinen Kaufmann aus, und sie ließ den Vitalienbrüdern an allen Küsten verkünden, dass derjenige, der rauben wollte, für die Hälfte seiner Beute, die der Herzogin und Sten Sture zu entrichten war, freier Aufenthalt auf dem Land und auf den Schlössern von Gotland, Landskrone und Sleyt gewährt würde. Und das trieben sie eine ganze Zeit und fügten damit dem Kaufmann unglaublichen Schaden zu, wie wohl zu beweisen ist." (Hanserecesse I 4, Nr. 438, § 5, S. 416; Puhle, S. 94 f.) Die in den Jahren zuvor als Hauptleute der Vitalienbrüder auftretenden mecklenburgischen Adligen werden zukünftig nicht mehr erwähnt, vielleicht zogen sie sich ganz vom Seeraub zurück.

Die Seeräuber begannen 1397 einen umfangreichen Seekrieg gegen die Handelsschifffahrt auf der Ostsee, und entsprechend viele Gegner erwuchsen ihnen in der Hanse, Dänemark und dem Deutschen Orden. Die Maßnahmen zur Bekämpfung der Seeräuberei gingen jetzt vom Deutschen Orden aus. Für diesen war nicht nur der Handel seiner Städte bedroht, sein Hoch-

Abb. 15 Die Stadtmauer mit dem Snäckgärdstor von Visby auf Gotland, Foto Ortwin Pelc

meister Konrad von Jungingen wollte auch verhindern, dass Königin Margarete ihren Machtbereich auf Gotland ausdehnte. Insgeheim und im Alleingang bereitete er einen Angriff auf die Vitalienbrüder vor. Im Februar 1398 ließ er 84 Schiffe mit 4000 Bewaffneten, 400 Pferden, Feuerwaffen und Proviant in der Weichselmündung zusammenziehen. Am 17. Februar segelte die Flotte los und erreichte in nur vier Tagen Gotland. Nach der Landung in Västergarn wurde der Angriff aber durch hohen Schnee verzögert. Zudem war das wichtige Visby von den Vitalienbrüdern besetzt. Der Befehlshaber der Ordenstruppen nahm vor den Stadtmauern (Abb. 15) Verhandlungen mit den Seeräubern auf, und erstaunlicherweise gingen diese auf die Forderung ein, die Insel zu räumen; sie ergaben sich wohl der offensichtlichen Übermacht. Etwa 400 Mann verließen mit Sven Sture, Margarete von Pommern-Wolgast und dem mecklenburgischen Herzog Johann, der auch auf Gotland war, die Insel und versicherten, dass kein Kaufmann mehr geschädigt würde. Die Vitalienbrüder, die auf Gotland blieben, wurden erschlagen und drei Raubburgen zerstört. Der Deutsche Orden ließ 200 Bewaffnete auf der Insel zurück, und am 25. April lief seine Flotte wieder in der Weichselmündung ein. Die Vitalienbrüder waren nun aus der Ostsee vertrieben, die überraschten Mächte an der Ostsee konnten mit der Aktion des Deutschen

Ordens zufrieden sein. Gegen eine Geldzahlung überließ dieser im Jahr 1408 dann doch Gotland an Dänemark.

Es wurde bereits erwähnt, dass sich die Seeräuber des Spätmittelalters aus Entwurzelten und Abenteuerlustigen, verarmten Seeleuten, Handwerkern, Bauern und Adligen zusammensetzten. Sie trafen sich, wenn es Gelegenheit zu Kaperei und Seeraub gab, wie in den Konflikten zwischen Mecklenburg und Dänemark. Vielleicht flohen auch religiös Verfolgte zu den Vitalienbrüdern. Z.B. verfolgte in den Jahren 1392 bis 1394 ein päpstlicher Inquisitor in Stettin die Waldenser aus Brandenburg und Pommern. Die heterogene Gruppe der Seeräuber gewann erst im Laufe einiger Jahre Konturen, wird erst dann in den Quellen als selbständig handelnd wahrgenommen, und es werden einzelne ihrer Anführer genannt. In einem Friedensvertrag mit der Hanse werden 1381 die dort erwähnten Hauptleute in eine wohlhabende Gruppe, die etwas zu verlieren hätte, und eine arme Gruppe, die nichts zu verlieren hätte, unterteilt. Zu den wohlhabenden Seeräubern gehörten Henneke Grubendal, Vicke Grubendal, Henneke van Oertzen, Paschedach und Hinrich Wartberg. Zu den armen gehörten Detlef Knut, Eler Rantzau, Ludeke Schinkel und Swarte Schonink.

In den Jahren 1391 bis 1395 standen die Seeräuber noch unter der Führung mecklenburgischer Adliger und agierten wohl zusammen mit regulären mecklenburgischen Bewaffneten. In den folgenden Jahren wurden sie immer selbständiger und handelten unabhängig. In den Quellen werden am häufigsten Arnd Stuke und Nikolaus Milies als Anführer erwähnt. Gerade im Fall von Stuke ist die Entwicklung eines Mannes vom entwurzelten Adligen zum Seeräuberhauptmann gut nachvollziehbar. Er stammte aus einer mecklenburgischen Adelsfamilie mit Sitz auf der Burg Kützin bei Wittenburg. Diese Burg wurde während der Kriegszüge Lübecks gegen adlige Landfriedensbrecher 1349 zerstört. Stuke ist dann 1380 als Seeräuber an der Küste Livlands nachweisbar. Seit 1392 taucht er als einer der Hauptleute der Vitalienbrüder auf. Auch die zwischen 1392 und 1394 erwähnten führenden Vitalienbrüder entstammten fast alle mecklenburgischen Adelsfamilien. Es werden Angehörige der Familien Bernevur, Beydenstorp, Crekauwe, Krackow und Crabbe genannt. Andere Vitalienbrüder mit Namen Ketelhoet und Kaetilö scheinen aus dem Bettelordenskloster in Visby zu stammen. Bosse van dem Kalende kam aus einer Familie, die in Alt-Kalen ansässig war. Sein Vater war Hermann van dem Kalende auf Finkenthal. Bosse verkaufte 1387 zwei Hufen an das Kloster Dargun und erhielt 1392 vom Herzog die Erlaubnis, das halbe Gut Stove aus dem Erbteil seiner Frau zu verpfänden oder zu verkaufen. Bosse scheint damals Geld benötigt zu haben. Vielleicht ist er ein typisches Beispiel für einen Adligen, dessen Erträge aus der Landwirtschaft durch die Agrarkrise des Spätmittelalters zurückgingen und der gezwungen war, sein restliches Kapital in andere Aktivitäten zu investieren. Er wählte den Seeraub, da er wie jeder Adlige das Kriegshandwerk gelernt hatte und sich die Konflikte im Ostseeraum, noch dazu im Dienst seines Landesherrn, dafür anboten. Für den Einstieg in dieses Geschäft benötigte er Kapital, um ein Schiff zu kaufen und auszurüsten. Bosse van dem Kalende wurde in Visby beerdigt, wie auch seine Frau, die ihm dorthin gefolgt sein wird. Ähnlich wie ihm erging es vielen Adligen im Spätmittelalter, deren Existenz gefährdet war. In ihrem Selbstverständnis waren sie keine Räuber, aus der Sicht der Geschädigten aber durchaus. Aus den Quellen ist nur schwer zu erschließen, ob sie im Einzelfall Rechtsbrüche im Sinne des mittelalterlichen Rechtsverständnisses begingen. Dass die Vitalienbrüder sehr eng der mittelalterlichen Lebenswelt verbunden waren, zeigt ein Beispiel ihrer Frömmigkeit aus dem Jahr 1394. Zehn ihrer Hauptleute stifteten damals in Stockholm eine ewige Messe aus Dankbarkeit für die erfolgreiche Aktion gegen die dänische Belagerung.

Es wird geschätzt, dass am Ende des 14. Jahrhunderts mehrere tausend Seeräuber gleichzeitig in der Ostsee aktiv waren. Bei dieser hohen Zahl ist es nicht verwunderlich, dass die Hansestädte immer neue Maßnahmen gegen dieses Problem ergreifen mussten und diese nur zum Teil erfolgreich waren. Zwischen den Seeräubern der 1380er Jahre und denen der 1390er Jahre gab es anscheinend kaum personelle Kontinuitäten. Dies mag kaum verwundern, da das Leben als Seeräuber gefährlich und von vielen Unwägbarkeiten abhängig war. Gab es – wie in der zweiten Hälfte der 1380er Jahre – keine einträglichen Einkommensquellen auf See, orientierten sich einige vielleicht um, verlegten sich auf Straßenraub oder fanden ein anderes Auskommen. Nur Detlef Knut taucht bereits vor 1381 in einem Friedensvertrag mit der Hanse und dann auch noch zehn Jahre später als ein Hauptmann der Vitalienbrüder auf. Auch der Name Rantzau wird seit Beginn der 1380er Jahre unter den Seeräubern erwähnt, es waren aber wohl mehrere Mitglieder – z.B. Eler und Luder – dieser holsteinischen Adelsfamilie.

Die später und bis heute berühmten Seeräuber Klaus Störtebeker und Godeke Michels gehörten erst einer ‚zweiten Generation' (Puhle) von Seeräubern an, die nicht mehr aus dem mecklenburgischen Adel stammte, sondern sich wohl während der Kaperfahrten bewährt und hochgearbeitet hatte. Im Jahr 1380 wird im Wismarer Verfestungsbuch, einem Gerichtsprotokollbuch, in dem Strafen verzeichnet wurden, ein ‚nikolao stortebeker' erwähnt. Zwei Wismarer Bürger wurden damals aus der Stadt verwiesen, weil sie ihm in einer Schlägerei Brüche und Beulen zugefügt hatten. Es ist sehr wahrscheinlich, dass es sich dabei um den späteren Seeräuber handelt, und es passt ja auch gut, dass er in eine Schlägerei verwickelt war. Näheres über seine regionale und soziale Herkunft ist aber nicht bekannt; erst 14 Jahre später wird er wieder erwähnt. Klaus Störtebeker und Godeke Michels waren vermutlich schon im Winter 1394 bei der Fahrt der Vitalienbrüder nach Stockholm dabei, denn die Schiffe segelten damals von Wismar los. Vielleicht waren sie sogar bereits Hauptleute, als solche werden sie dann Ende des Jahres erstmals erwähnt. Sie hatten ein Schiff aus Elbing gekapert, das Waren eines englischen Kaufmanns transportierte. In der englischen Klageakte heißt es: „Item, in the yeere 1394 one Goddekin Mighel, Clays Scheld, Storbiker and others tooke out of a ship of Elbing." (Puhle, S. 72) Auch für die folgenden Jahre bis 1399 nennen die Engländer einmal Godeke Michels mit Klaus Scheld, fünfmal Godeke Michels, Klaus Scheld und Störtebeker und neunmal Godeke Michels und Klaus Störtebeker zusammen als Anführer von Seeräubern. Allein diese Erwähnungen der Engländer zeigen, dass die beiden eine überaus rege Aktivität entwickelten, die sie in der Nordsee fortsetzten.

5. Störtebeker und die Vitalienbrüder in der Nordsee

Im hansischen Handelssystem gab es zwei große Wirtschaftsräume, die geographisch bzw. politisch durch Jütland und das dänische Königreich getrennt wurden: die Ostsee und die Nordsee. An der Ostsee lagen zahlreiche Handelsstädte, deren Kaufleute Produkte aus dem Hinterland vor allem Richtung Westen verschifften und dafür Produkte aus Westeuropa importierten. An diesen Handelsrouten lauerten die Vitalienbrüder des späten 14. Jahrhunderts. Den wichtigen Transitweg über Land zwischen Lübeck und Hamburg sicherten diese beiden Städte gegen Störungen, also vor allem gegen Raubritter, durch den systematischen Erwerb von Rechten und Besitz. An der Nordsee galt es vor allem, den Haupthandelsweg entlang der Elbe Richtung Nordsee sowie die südliche Nordseeküste von und nach Holland, England und Frankreich zu sichern. Um die Sicherung des Elbschifffahrtswegs bemühte sich Hamburg intensiv seit dem Ende des 12. Jahrhunderts und musste sich wiederholt mit konkurrierenden Interessenten wie der Stadt Stade, den Erzbischöfen von Bremen und – wie bereits erwähnt – den Dithmarschern auseinandersetzen. Der 1309 fertiggestellte Hamburger Leuchtturm auf Neuwerk diente nicht nur als Seezeichen, sondern auch der Überwachung der Elbmündung. Gefährlich wurde es für die hansischen Schiffe, die aus der Elbe und von Bremen aus der Weser kamen, wenn sie die Küste Ostfrieslands passierten. Sie waren nicht nur den Nordseestürmen und den wechselnden Gezeiten ausgesetzt, sondern auch den Überfällen ostfriesischer Häuptlinge. Bis 1384 war es Bremen und den Grafen von Oldenburg gelungen, die ostfriesischen Häuptlinge durch Verträge weitgehend in Zaum zu halten. Als dann Huseke Hayen in Rodenkirchen begann, Schiffe auf der Weser zu überfallen, Edo Wiemken, Häuptling von Bant, Östringen und Wangerland, von der Edenburg aus Rüstringen angriff und Häuptling Widzel tom Brok um die Herrschaft in Ostfriesland kämpfte, entwickelten sich zahlreiche einzelne

Machtkonflikte zwischen Weser und Ems, die durch die Expansionsabsichten des Grafen von Holland in Richtung Ostfriesland noch verstärkt wurden. In dieser Situation hatten alle streitenden Parteien ein Interesse, Seeräuber anzuwerben, die der Schifffahrt der Gegner schaden konnten. Wie in der Ostsee könnte hier zwischen selbständig agierenden Seeräubern und anderen unterschieden werden, die im Auftrag oder im Rahmen von Territorialkonflikten, vielleicht sogar mit Kaperbriefen ausgestattet, handelten; für die betroffenen Schiffer und Kaufleute war dies gleichgültig, und es zeigte sich, dass alle, die Seeraub begingen, auch wie Seeräuber verurteilt wurden.

Es wurde bereits erwähnt, dass die Bezeichnung ‚Vitalienses' schon 1390 in den Hamburger Kämmereirechnungen auftaucht. Damals wurde dieser Begriff bereits für Seeräuber auf der Nordsee verwandt und dazu noch in einem Zusammenhang, der zeigt, dass die Hamburger aktiv gegen sie vorgingen: 230 Pfund und 14 Schillinge wurden für eine Unternehmung gegen die Vitalienbrüder auf der Weser ausgegeben. Bereits 1393 hatten die Vitalienbrüder mit dem Angriff auf Bergen eine Aktion in der Nordsee unternommen, seit 1398 hatten sie nun keinen Stützpunkt und keine Unterstützer in der Ostsee mehr. Nach dem Verlust von Gotland versuchten die restlichen rund 400 Seeräuber, bei den Herzögen von Pommern unterzukommen. Trotz einer Warnung des Deutschen Ordens bauten diese eine Flotte aus Seeräuberschiffen auf, die sie angeblich Königin Margarete zuführen wollten. Nun handelte die Hanse rasch: Lübische, stralsundische und preußische Friedeschiffe stellten die pommersche Flotte im Hafen von Kopenhagen. Die beiden Flotten einigten sich friedlich, aber die Vitalienbrüder mussten in die Nordsee abziehen. Hier bot sich ihnen in Ostfriesland ein idealer Standort: versteckte Buchten, aus denen heraus operiert werden konnte (Abb. 16), der nahe Hauptschifffahrtsweg der Hanseschiffe und vor allem die willkommene Aufnahme bei den ostfriesischen Häuptlingen. Für diese waren bei ihren ständigen Fehden mit den Nachbarn die Seeräuber eine günstige Hilfe, denn sie waren kampferfahren und im Vergleich zu Söldnern nicht kostspielig, da sie sich ihren Lohn durch die geraubten Schiffe besorgten. Die Seeräuber wiederum erhielten Unterschlupf und Absatzmöglichkeiten für die geraubten Waren. Die Vitalienbrüder bargen aber auch eine Gefahr für die ostfriesischen Häuptlinge: Aufgrund ihrer guten Organisation und Selbständigkeit waren sie schwer unter Kontrolle zu halten, und durch die Seeräuber konnte Ostfriesland in Konflikte mit anderen Mächten verwickelt werden.

1396 wurde eine Gruppe von Vitalienbrüdern in der Grafschaft Oldenburg abgewiesen, fand dann aber weiter westlich Aufnahme im Brokmerland bei Widzel tom Brok. Von da ab suchten immer mehr Gruppen von Seeräubern vor allem im Westen Ostfrieslands bei den dortigen Häuptlingen Unterschlupf. Insbesondere der Bremer und Hamburger Handel wurde nun bedroht; andererseits war es den Bremern nicht unbedingt recht, wenn sich

Abb. 16 Der Jadebusen mit der Lokalisierung des Überfalls im Jahr 1401 auf Lubbert Overdiek und der Gefangennahme Godeke Michels'. Kartengrundlage: Waldemar Reinhardt

die Hanse in ihr Einflussgebiet direkt einmischte. Sie wollten - wie so viele Mitglieder der Hanse – so weit wie möglich eigene Interessen verfolgen. Bremen war deshalb durchaus einverstanden, als es vom Hansetag 1396 beauftragt wurde, die Grafen von Oldenburg zu veranlassen, keine Kaperbriefe auszustellen, damit die Vitalienbrüder tatsächlich völlig rechtlos waren. Graf Konrad von Oldenburg versicherte, dass die Seeräuber von seinem Gebiet aus keine Überfälle unternommen hätten, stattdessen sein Nachbar Widzel tom Brok ihnen in seiner Burg Unterschlupf gewähre und sie auf der Ems Überfälle verübten. Tatsächlich fanden sie auch bei weiteren Häuptlingen neue Stützpunkte, so bei dem einflussreichen Edo Wiemken d.Ä.. Dieser ließ die Burg Jever ausbauen und machte die nach ihm benannte Edenburg, die spätere Sibetsburg im heutigen Wilhelmshaven, zu seinem Herrschaftsmittelpunkt, in dem auch die Seeräuber unterkamen und ihre geraubtes Gut lagern und verkaufen konnten. Wie andere friesische Häuptlinge betrieb Edo Wiemken auch vor der Ankunft der Vitalienbrüder schon Seeraub als zusätzliche Einnahmequelle; bereits 1388 versuchten die Bremer, sich durch Verträge gegen seine Raubzüge zu schützen. Ute Scheuerlen hat alle überlieferten Fälle von Seeraub in Ostfriesland für das 14. und 15. Jahrhundert zusammengestellt. Sie konnte vor dem Auftauchen der Vitalienbrüder 1390 nur zehn Fälle ermitteln, mitunter ist auch bekannt, wo das geraubte Gut verblieb und dass Überfälle misslangen.

Die Hanse sandte im Juni 1398 eine erste Flotte gegen die Vitalienbrüder, belagerte erfolglos mehrere Burgen in Ostfriesland, konnte aber Edo Wiemken zur Aufgabe zwingen. Dieser versicherte den Städten Lübeck, Bremen und Hamburg daraufhin, dass er die Seeräuber aus seinem Herrschaftsgebiet ausweisen werde. Wie verbindlich solche Zusagen waren, sei dahingestellt, denn die Machtkämpfe unter den Häuptlingen gingen weiter, und auch die Seeräuber blieben in der Nähe.

Die möglichen Eigeninteressen einzelner Hansestädte werden in einem aufschlussreichen Schreiben des Hansekontors in Brügge aus dem Mai 1398 deutlich; darin wird auch detailliert die Vorgehensweise der Seeräuber beschrieben: „Die Vitalienbrüder, denen Witzeld tom Broke in Friesland Aufenthalt gewährte, haben vor kurzem in Norwegen ein Schiff genommen mit wismarschem Bier, von dem der Schiffer Egghert Schoeff aus Danzig hieß. Mit diesem Schiff segelten dieselben Vitalienbrüder aus Norwegen vorbei am Swin in die Straße von Calais, und da nahmen sie 14 oder 15 Schiffe, geladen mit allerhand Gütern wie Öl, Wachs, Wein, Reis, Honig, Talg und mit allerhand anderen Waren, die man aus Frankreich und Spanien zu bringen pflegt, und zwar mit einer Anzahl von wohl fünf Barken. Außerdem nahmen sie zu derselben Zeit ein Schiff, das aus England kam und in den Swin segeln wollte. In diesem Schiff verloren die Kaufleute unseres Rechts große Mengen an Gold und Gewändern, und dieselben Kaufleute haben sie mit sich geführt nach Friesland, wie wir erfahren haben. Und nachdem sie alle diese Schiffe nach ihrem Willen genommen hatten, da verkauften sie dem genannten Schif-

Abb. 17 Gerichtsverhandlung, Folter und Strafen in Hamburg, Miniatur aus dem Hamburger Stadtrecht von 1497

Van pynlikē sakē dat hogeste belangende,

fer Egghert Schoeff dessen Schiff wieder gegen eine Geldsumme, dafür, dass er einen Bürgen und eine Geisel gestellt hatte, die er bei Witzeld in Friesland einlösen musste. Auch hat uns der Schiffer Egghert Schoeff zur Kenntnis gegeben, dass ihm die Vitalienbrüder befohlen hatten, uns zu sagen, dass sie Gottes Freunde und aller Welt Feinde wären, außer derer von Hamburg und Bremen, denen sie keinen Schaden zufügen wollten, da sie dort kommen und gehen wollten, wann immer sie dies wollten." (Hanserecesse 1, 4, Nr. 453; Puhle, S. 107)

Der Spruch, dass die Vitalienbrüder Gottes Freunde und aller Welt Feinde seien („dat se weren Godes vrende unde al der werld vyande"), wurde schnell zum geflügelten Wort. Dass sie Hamburg und Bremen aber von dieser Feindschaft ausnahmen und ihnen keinen Schaden zufügen wollten, kann zweierlei bedeuten: Entweder konnten sie ihre Hehlerwaren auf deren Märkten absetzen, oder sie wollten durch eine solche Behauptung Zwietracht unter den Hansestädten schüren. Die Vitalienbrüder gingen sogar so weit und boten der Hanse an, deren Schiffe nicht auszurauben, wenn sie freien Zugang zu deren Häfen hätten. Entsprechend scharf waren die Reaktionen der Hanse, zuerst des Kontors in Brügge, das den Städten Hamburg und Bremen heftige Vorwürfe machte. Kurze Zeit später warfen auch die flandrischen Städte Gent, Brügge und Ypern den Städten Hamburg und Bremen Zusammenarbeit mit den Seeräubern vor und forderten die Hanse auf, Maßnahmen zu ergreifen.

Die Struktur der Hanse als loser Städtebund ohne Zentralgewalt, exekutive Rechte und mit dem Prinzip der Gleichberechtigung machte es den Städten wieder nicht leicht, Entscheidungen zu fällen. Nun kam noch hinzu, dass der englische König Richard II. drohte, hansische Waren zu konfiszieren, wenn englische Schiffe durch Seeräuber überfallen würden. Mit der Unterstützung der Vitalienbrüder auf der Ostsee durch die Hansestädte Rostock und Wismar war die Rolle der Hanse im Kampf gegen den Seeraub für Außenstehende unklar geworden. Die Hansestädte mussten nun handeln. Am 2. Februar 1400 trafen sich in Lübeck Abgesandte der Städte Kampen, Deventer, Zutphen, Harderwyk, Bremen, Hamburg, Wismar, Rostock, Stralsund und Elbing, um das Seeräuberproblem in der Ost- und Nordsee zu beraten. Keno tom Brok muss von diesem Treffen erfahren haben, denn er sandte seinen Kaplan Almer nach Lübeck, der der Versammlung versicherte, dass tom Brok die Seeräuber vertreiben werde und ein Freund der Hansestädte sei. Die Städte sandten darauf letzte Appelle an die ostfriesischen Häuptlinge und den Grafen von Oldenburg, beschlossen aber auch, Kriegsschiffe gegen die Seeräuber auszurüsten: zwei große und ein kleines Schiff mit 127 Mann für die Sicherung der Ostsee, elf Koggen mit 950 Bewaffneten für die Nordsee. Im Februar 1400 versicherten sechs Häuptlinge aus Ostfriesland, dass sie sich von den Seeräubern getrennt hätten. Ein dorthin geschickter Hamburger

Abb. 18 Das Oldenburger Horn wurde um 1400 in Bremen oder Hamburg hergestellt und vielleicht von Seeräubern zu den Grafen nach Oldenburg verschleppt

Ratsschreiber konnte dies aber nur bei Keno tom Brok feststellen, alle anderen benötigten die Unterstützung der Seeräuber weiterhin in ihren Kämpfen untereinander, und schließlich griff auch tom Brok wieder auf sie zurück.

Lübeck drängte nun zum Einsatz der Flotte, die am 22. April von Hamburg aus aufbrach. Befehligt wurde sie von den Lübecker Hauptleuten Henning van Rinteln und Johann Krispin sowie von Albert Schreye und Johann Nanne aus Hamburg. In dem damaligen Bericht heißt es: „Am 22. April segelten wir von Hamburg ab und kamen am 5. Mai in die Westerems. Am selben Tag vernahmen wir, dass Vitalienbrüder in der Osterems waren. Dorthin schickten wir unsere Freunde, und es half uns Gott, dass wir einen Teil von ihnen schnell in unsere Gewalt brachten. 80 von ihnen wurden getötet und über Bord geworfen. Die anderen flohen ans Land. Dann jagten unsere Freunde 18 Vitalienbrüder bis zu einem Schloss eines Friesen, der hies Hare in der Grete (Haro Circsena). Mit dem verhandelten wir, bis er sie uns überantwortete. Außerdem übergab uns ein anderer Friese vier Vitalienbrüder, danach fielen uns noch drei in die Hände. Diese 25 wurden am 11. Mai gerichtet. Am 18. Mai wurden neun Vitalienbrüder gerichtet, danach zwei.“ (Hanserecesse I, 4, Nr. 589, S. 538 f.; Puhle, S. 119) Unter den 25 hingerichteten Seeräubern befand sich auch der uneheliche Sohn des Oldenburger Grafen, ein sicherer Hinweis, wie eng die Verbindung zwischen dem Grafenhaus und den Vitalienbrüdern war. Die Hanseflotte wählte nun Emden als Operationsbasis für weitere Maßnahmen gegen die Häuptlinge und die Seeräuber. Verwunderung erregte das verspätete Eintreffen eines bremischen Schiffes, was vielleicht mit den besonderen, mitunter freundschaftlichen Beziehungen Bremens nach Ostfriesland zu tun hatte. Die Schlösser Wittmund, Loquard und Groothusen mußten übergeben werden, die beiden letzteren wurden verbrannt; der Kirchturm von Marienhafe, das als Seeräubernest galt, wurde abgetragen. Es wurden allerdings nicht alle gefangenen Seeräuber hingerichtet, 25 Friesen, die sich ihnen angeschlossen hatten, mussten schwören, nie wieder Schiffe zu überfallen und bei der weiteren Verfolgung der Vitalienbrüder zu helfen. Die ostfriesischen Häuptlinge beurkundeten im Mai 1400, dass sie nie mehr Räubern Aufenthalt gewähren würden, und sagten auch zu, das Strandrecht nicht mehr anzuwenden; bei Bergungen von gestrandeten Schiffen sollte nur noch ein angemessener Arbeitslohn gezahlt werden.

Das Unternehmen der Hanse war erfolgreich gewesen, die meisten Seeräuber waren gefasst und viele hingerichtet worden. Ein Teil war aber entkommen und zu diesem gehörten auch die Anführer Klaus Störtebeker und Godeke Michels. Es ist nicht sicher, wann Störtebeker und Michels nach Ostfriesland kamen. Nach den Chroniken des 15. Jahrhunderts sollen sie sich bereits 1395 und nicht erst 1398 mit der Vertreibung der letzten Vitalienbrüder aus der Ostsee mit den anderen Hauptleuten Wichmann und Wigbold in den Nordseeraum zurückgezogen haben; da sie in den Jahren 1398 bis 1400 in der Nordsee zahlreiche Aktivitäten entwickelten, könnten sie tatsächlich bereits früher da gewesen sein. Wo sie sich in Ostfriesland konkret aufhielten, ist nicht bekannt. Die Vitalienbrüder verteilten sich dort auf mehrere Gruppen bei den verschiedenen Häuptlingen; der Sage nach gab es mehrere Orte, und es ist nicht unwahrscheinlich, dass Störtebeker im Brokmerland bei Keno tom Brok, genauer in Marienhafe, einen Stützpunkt hatte und Michels sich in Oldenburg und bei Edo Wiemken aufhielt.

Noch aus dem Jahr 1400 gibt es Nachrichten, dass sich die Hauptleute Godeke Michels und Wigbold mit zwei Schiffen und 200 Seeräubern nach Norwegen absetzten. Herzog Albrecht von Holland wiederum nahm 114 Seeräuber in seinen Schutz, darunter auch einen der Hauptleute mit Namen Johann Störtebeker; da dieser Name damals nicht oft vorkam und schon gar nicht als einer der Seeräuberführer, wird es sich nur um eine falsche Schreibweise, mithin um Klaus Störtebeker gehandelt haben. Zudem war Störtebeker damals nicht allzu bekannt, als Anführer galt immer Michels. Und in den

Quellen wird über das Verhältnis der beiden, geschweige denn über eine Zusammenarbeit, nichts gesagt.

Am 2. Juli 1400 lief die hansische Flotte wieder in Hamburg ein. Das Seeräuberproblem war damit aber nicht gelöst. Es war noch kurz überlegt worden, die Vitalienbrüder nach Norwegen zu verfolgen, diese Idee wurde aber wieder aufgegeben. Stattdessen bat die Hanse die norwegische Königin Margarete, den Ritter Abraham Broderson gegen die Vitalienbrüder in Norwegen zu schicken. Gegen ein eigenes Unternehmen der Hanse dorthin sprachen sicher auch die hohen Kosten. In Ostfriesland waren die Konflikte zwischen den rund 20 Häuptlingen auch noch nicht beigelegt, und es war zu befürchten, dass sie sich in ihrem Streit wieder der Seeräuber bedienen würden. Auch konnten der Tod so vieler Seeräuber nach dem hansischen Unternehmen auf die restlichen kaum abschreckend wirken, da sie keine andere Existenzgrundlage als den Seeraub mit all seinen Risiken hatten.

Es muss im Jahr 1400 noch eine dritte Seeräubergruppe gegeben haben, die sich beim Grafen von Oldenburg versteckte. Herzog Albrecht von Holland nahm diese etwa 150 Vitalienbrüder ebenfalls unter seinen Schutz und gewährte ihnen in Staveren Unterschlupf. Er stellte ihnen einen Kaperbrief aus, der sich u.a. gegen die westlichen Landesteile von Ostfriesland, gegen Groningen und Hamburg richtete. Hier bahnte sich eine Entwicklung an, die seit dem 15. Jahrhundert für die Hanse von weitreichender Bedeutung war: die rasch wachsende Konkurrenz durch die Holländer, die in hansische Handelsgebiete vorstießen und z.B. mit den preußischen Städten eng zusammenarbeiteten.

Die folgenden Ereignisse, die u.a. mit der Hinrichtung Störtebekers und Michels' enden, sind kaum durch historische Quellen belegt, gleichwohl erwuchs aus ihnen der Mythos dieser beiden Seerräuber, der über Jahrhunderte eine Fülle von Erzählungen, Sagen, Gedichten und Liedern zur Folge hatte. Auf sie wird später noch eingegangen. In den Hamburger Kämmereirechnungen wurde 1401 notiert: „Für die Reise der Herren Hermann Lange und Nikolaus Schoken nach Helgoland im vorangegangenen Jahr gegen die Vitalienbrüder: zusammen 57 Pfund". Zu dieser Ausgabe bzw. dem dahinter stehenden Ereignis berichtet die Lübecker Rufus-Chronik: „In demselben Jahr [1400] fochten die Englandfahrer der Stadt Hamburg auf der See mit den Seeräubern, die sich Vitalienbrüder nannten, und konnten sie besiegen. Ungefähr 40 von ihnen schlugen sie tot bei Helgoland und 70 fingen sie. Diese brachten sie mit nach Hamburg und ließen ihnen allen die Köpfe abschlagen; ihre Köpfe setzten sie auf eine Wiese an der Elbe als Zeichen dafür, dass sie auf dem Meer geraubt hatten. Die Hauptleute dieser Vitalienbrüder hießen Wichmann und Klaus Störtebeker." (Rufus-Chronik, Bd. 28, S. 25; Puhle, S. 131)

Aus den Ereignissen hat Matthias Puhle schlüssig rekonstruiert, dass der Herzog von Holland die rund 120 Vitalienbrüder mit Störtebeker, die er im

Abb. 19 Das Seegefecht der Hamburger mit den Schiffen Störtebekers vor Helgoland im Jahr 1400, Ölgemälde von Günther Todt, um 1970

August 1400 unter seinen Schutz gestellt hatte, vermutlich schon sehr bald darauf Richtung Helgoland schickte, von wo aus sie den Kaperkrieg gegen die Hamburger Englandfahrer beginnen sollten. Sie gingen damit ein hohes Risiko ein, andererseits rechneten sie vielleicht nicht mehr mit einer Hamburger Aktion in diesem Jahr. Darüber hinaus war Störtebeker, seit er 1394 als Seeräuber nachweisbar ist, noch nie gefasst worden. Die Hamburger reagierten jedoch sogleich, da sie an ihrem Haupthandelsweg bedroht waren. Sie rüsteten Kriegsschiffe unter der Führung der Ratsherren Hermann Lange und Nikolaus Schoken aus und besiegten die Seeräuber in einem Kampf vor Helgoland. Näheres ist davon nicht bekannt, außer dass 40 Seeräuber getötet und 70 oder 80 gefasst wurden und dabei der „mittlere Holk" der Seeräuber in ihre Hand geriet. Der Sage nach soll auch Simon von Utrecht, der später im Kampf gegen Seeräuber noch bekannt wurde, an dem Kampf beteiligt gewesen sein. Auch das Schiff „Bunte Kuh" (Abb. 2) soll teilgenommen haben. Obwohl die Baurechnungen für dieses Schiff erst 1401 bezahlt wurden, mag es tatsächlich bereits im Jahr 1400 im Einsatz gewesen sein. Der Kampf wird nach dem 15. August 1400 stattgefunden haben, die Seeräuber wurden „nach Feliciani", also nach dem 20. Oktober 1400, auf dem Grasbrook in Hamburg,

Abb. 20 Die Überwältigung Störtebekers durch die Hamburger, Holzschnitt von Johannes Gehrts 1890

der Hinrichtungsstätte außerhalb der Stadtmauern dicht an der Elbe, hingerichtet. Die Kämmereirechnungen verzeichnen für dieses Jahr Ausgaben von „1 Pfund für Knoker für das Ausheben einer Grube für enthauptete Vitalienbrüder. 12 Pfund dem Büttel für die Enthauptung von 30 Vitalienbrüdern" (Kämmereirechnungen 1873, Bd. 1, S. 490). Der Henker, der aus Buxtehude geholt wurde, erhielt also 8 Schillinge für jede Enthauptung; 30 Männer richtete er noch im Jahr 1400 hin. Ein Gerichtsverfahren wurde den Seeräubern nicht gewährt, da sie nach geltendem Recht während der Tat gefasst wurden; sie werden aber unter Folter befragt worden sein, wie eine weitere Rechnungsnotiz schließen lässt.

Im Jahr 1401 setzten die Hansestädte ihre erfolgreiche Jagd nach den Seeräubern fort. Godeke Michels, der ungleich bekannter als Störtebeker war, wird den Winter in Norwegen geblieben und dann wieder nach Ostfriesland zurückgekehrt sein. Die Hanse vermutete ihn aber auch wieder in der Ostsee, denn die wendischen und die preußischen Hansestädte wollten 1401 je ein Kriegsschiff mit 50 Mann dort kreuzen lassen. Gestellt wurde Michels dann aber – ebenso wie Störtebeker – nicht allzu weit weg von Hamburg, in der Wesermündung (Abb. 16). Die drei Hamburger Schiffe der Eigner Hermann Nyenkerken, Werner von Uelzen und Simon von Utrecht standen unter dem Kommando der Ratsherren Nikolaus Schoke und Hinrik Jenevelt. Die Hamburger überwältigten Michels und seine Leute in einer Kogge, in der sie auch den Kaufmann Lubbert Overdick vorfanden; er war kurz zuvor überfallen und gefangen genommen worden. Nun floh der Rest der Seeräuber mit seiner Kogge weiter in die Jade. Die Seeräuber warfen dabei die Ladung aus Bierfässern über Bord, um durch das flache Gewässer entkommen zu können. Dies gelang ihnen aber nicht, sie wurden gefasst. Wahrscheinlich waren die Hamburger mit zwei wendigen Schniggen ausgerüstet, die mit ihren Ruderern und Bewaffneten an Bord im flachen Gewässer überlegen waren. Mit beiden Koggen kehrten die Hamburger an die Elbe zurück und verkauften diese mit ihrer Ladung, um einen Teil der hohen Expeditionskosten zu decken. Über Jahre dauerte dann noch der Streit um die Erlöse aus den Schiffen zwischen Hamburg auf der einen Seite und den Städten Kampen, Leiden, Hoorn und Enkhuizen auf der anderen, die alle Anteil an der Ergreifung Godeke Michels gehabt haben wollten und eine Beteiligung an dem Erlös verlangten. Michels, Wigbold und die achtzig gefangenen Seeräuber wurden 1401 ebenfalls auf dem Grasbrook enthauptet und ihre Köpfe neben die im vorangegangenen Jahr hingerichteten Seeräuber auf Pfähle gesteckt.

In späterer Zeit wurde Simon von Utrecht ein großer Anteil an der Überwindung der Vitalienbrüder zugeschrieben; seine Tätigkeit als Bürgermeister Hamburgs blieb dagegen weniger in Erinnerung (Abb. 27). Er war ein guter Seemann und Schiffsführer und kam wohl um 1400 aus Harlem nach Hamburg, wo er sehr bald das Bürgerrecht erwarb. Vielleicht benötigten ihn die

Abb. 21 Die Ankunft des gefangenen Störtebeker in Hamburg, Holzschnitt von Karl Gehrts 1877

Hamburger Englandfahrer speziell für den Kampf gegen die Seeräuber. Allerdings wird er solche Dienste, wie Jörgen Bracker betont, nur gegen entsprechende Gegenleistungen übernommen haben, denn dazu war der Kampf auf See zu gefährlich.

Die Überwindung der Seeräuber Klaus Störtebeker und Godeke Michels in den Jahren 1400 und 1401 bedeutete noch nicht das völlige Ende der Vitalienbrüder; es waren immer noch einige in Ostfriesland aktiv. 1402 z.B. nahmen sie einem Kampener Bürger 16 Last Bier ab, und 1408 überfielen sie fünf hansische Schiffe, die allerdings zurückerobert werden konnten. 1404 soll es in Emden und Umgebung noch 300 von ihnen gegeben haben, die Seeräuberei betrieben. Hamburg bemühte sich bei den anderen Hansestädten um Unterstützung im Kampf gegen diese letzten Vitalienbrüder, erhielt aber nur ausweichende Reaktionen. Wie oft in hansischen Belangen engagierten sich die Städte nur, wenn sie direkt betroffen waren. Nur von Lübeck und Bremen erhielt Hamburg etwas Hilfe, als es 1433 mit hohem Aufwand eine Strafexpedition gegen Emden organisierte. Es mussten Schiffe angemietet und ausgerüstet werden, und es galt, Seemannschaften und Bewaffnete anzuheu-

Abb. 22 Flugblatt von 1701 zum damals angenommenen 300. Jahrestag der Hinrichtung Störtebekers. Vorlage war ein Flugblatt von 1573 (s. hinterer Vorsatz)

ern. Die vier Hamburger Kirchspiele brachten dafür die beträchtliche Summe von 8726 Mark auf. 21 Schiffe unter der Führung Simon von Utrechts segelten im Sommer 1433 Richtung Ostfriesland. Die einzelnen Schiffe dieser Flotte wie auch deren Ausrüstung, Beladung und Besatzungen sind sehr genau bekannt, sogar die Namen der Besatzungsmitglieder wurden damals notiert. In der Flotte befanden sich auch je ein Fahrzeug aus Edam und Enkhuizen sowie ein Boot von der Insel Sylt mit nur zwei Mann Besatzung. Die Mitnahme kleiner flacher Fahrzeuge war durchaus sinnvoll, da die schweren Koggen bei Ebbe nicht in die flachen Gewässer vordringen konnten. Die Flotte war gut vorbereitet und für alle Gelegenheiten gerüstet; so wurde eine Kanone mit 41 Steinkugeln, die Lübeck beisteuerte, und sogar Bauholz für Belagerungsmaschinen mitgeführt. Die Streitmacht erreichte Emden, besetzte es und belagerte die Sibetsburg. Unterstützt wurde sie dabei von 300 Schützen des Herzogs Adolf von Schleswig. Nach einigen Wochen wurde die Burg zur Aufgabe gezwungen; alle Seeräuber in ihr wurden verurteilt und hingerichtet. Damit waren die letzten Vitalienbrüder verschwunden, die seit 1391 mit Unterstützung verschiedener Territorialherren die Seefahrer der beiden Meere beunruhigt und beraubt hatten. Die Sibetsburg wurde 1435 zerstört, und Emden erhielt eine hamburgische Besatzung.

6. Seeraub im 15. und 16. Jahrhundert

Seeraub und Kaperei blieben auf der Ostsee und der Nordsee auch nach dem Ende der Vitalienbrüder weiterhin ein Problem, wenn wohl auch nicht in dem Ausmaß wie in den Zeiten dieser gut organisierten Seeräuber. Es kam immer wieder vor, dass an den wichtigen Handelsrouten Seeräuber lauerten. Entsprechende Maßnahmen mussten seitens der Hansestädte oder der Landesherren gegen sie unternommen werden. Dabei darf nicht außer acht gelassen werden, dass die Hanse oder einzelne ihrer Städte mit verschiedenen Herrschern auch in kriegerische Konflikte gerieten, die z.T. auf See ausgetragen wurden; hier vermischen sich erneut legalisierte Kaperschifffahrt und Seeraub. Die Quellen sind nun aber ausführlicher und erlauben genauere Analysen der Streitfälle. So war die Hanse z.B. 1426 bis 1435 in einen Krieg mit Dänemark, 1438 bis 1441 in einen Konflikt mit Holland und zwischen 1462 und 1474 in einen Handelskrieg mit England verwickelt.

Auch bei diesen Kämpfen zur See stellt sich die Frage: Wie legal waren sie? Kriegsschiffe, die im Nord- und Ostseeraum im Auftrag einer Stadt oder eines Landesherren einen Gegner überfielen und bekämpften, handelten vergleichbar dem Fehderecht an Land. Die Hansestädte rüsteten solche Schiffe zur defensiven Verteidigung von Rechten – z.B. zur Sicherung des Elbverkehrs – oder zu offensivem Vorgehen aus. Ende des 15. Jahrhunderts stellten z.B. Lübeck und Danzig Kaperbriefe gegen hansische Gegner aus. Wie wir gesehen haben, überfielen auch die Vitalienbrüder in Auftrag von Landesherren Schiffe; hier begannen sich die Grenzen zwischen Kaperei und Seeraub zu verwischen und sind aufgrund der Quellen auch oft nicht eindeutig auszumachen. Andreas Kammler hat jüngst umfassend die Kaperschifffahrt Hamburgs und Lübecks für die Jahrzehnte um 1500 unter vielfältigen Aspekten untersucht, einschließlich der Ausstattung der Schiffe und der Zusammensetzung ihrer Besatzungen, und versucht dabei, die Kaperschifffahrt deutlich vom Seeraub, also einer Straftat, zu trennen.

Einige Küstenabschnitte machten nach wie vor durch Seeräuberei von sich reden. Um Hamburgs Stellung in Ostfriesland nach den Kriegszügen 1433 bis 1435 zu festigen, wurden dort mehrere Burgen gebaut. Langfristig konnte die Stadt ihren Einfluss aber nicht geltend machen. Nach einer Phase der

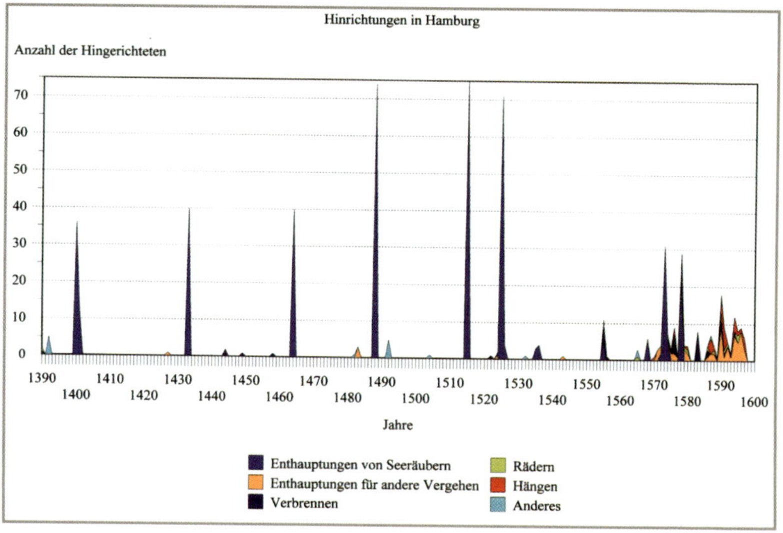

Abb. 23 Hinrichtungen in Hamburg von 1390 bis 1600, Grafik von Ralf Wiechmann

Ruhe wird allerdings erst seit 1455 wieder von Seeraub in Ostfriesland berichtet: in Verbindung mit Fehden zwischen den Häuptlingen, in der bremisch-oldenburgischen Fehde (1462-1476) oder als Überfall auf hansische oder holländische Schiffe. Ostfriesische Schiffe kamen sogar zum Seeraub bis in die Elbmündung, so 1480 und erneut 1494. Hamburg musste 1470 wieder zehn Schiffe ausschicken, um die Handelsschifffahrt in der Nordsee zu schützen. 1480 konnten 14 friesische Seeräuber gefangen werden; sie wurden auf dem Grasbrook geköpft. Vierundsiebzig im Jahr 1488 gefangene Männer stritten heftig ab, Seeraub betrieben zu haben, sie wurden dennoch in Hamburg hingerichtet.

Zwischen 1390 und 1600 fanden – wie Ralf Wiechmann ermittelt hat – in Hamburg wenigstens 581 Hinrichtungen statt (Abb. 23), davon mindestens 428 an Seeräubern. Der hohe Prozentsatz an Seeräubern ist auffällig, und alle wurden – mit Ausnahme eines Daniel Gieseler 1565 – auf dem Grasbrook, einer flachen Insel in der Elbe (Abb. 24), enthauptet. Ihre Köpfe wurden zur Abschreckung auf Pfähle gesteckt, die von den vorbeifahrenden Seeleuten gesehen werden konnten. Dieser Brauch ist auch in anderen Seestädten üblich gewesen, in Stralsund z.B. wurden Seeräuber ebenfalls enthauptet und

Abb. 24 Der Richtplatz auf dem Hamburger Grasbrook um 1568, Ausschnitt aus der Elbkarte des Melchior Lorichs

ihre Köpfe anschließend auf Pfähle genagelt. Zwei solcher aufgenagelter Schädel wurden auf dem Gelände des ehemaligen Grasbrooks bei Bauarbeiten 1878 entdeckt und sind jetzt im Museum für Hamburgische Geschichte zu sehen; über sie wird später noch berichtet. Die verschiedenen Hinrichtungsarten waren bestimmten Verbrechen zugeordnet, so wurden Seeräuber in der Regel enthauptet, eine Hinrichtungsart, die als „ehrenvoll" galt. Im Lübecker Recht wurden Seeräuber ebenfalls geköpft und ihre Köpfe dann aufgenagelt. Es gab aber auch Ausnahmen: 1457 wurde in Lübeck ein Danziger Schiffer wegen Seeraubs gefangen genommen. Er wurde aber wieder freigelassen, als er Schadensersatz leistete und Urfehde schwor, also zusicherte, niemanden wegen der Verhaftung später zu behelligen.

Die Hinrichtungen waren immer spektakuläre öffentliche Ereignisse mit vielen Zuschauern. Eine dieser Hinrichtungen wurde sogar bildlich festgehalten. Anfang September 1573 überwältigten der Schiffer Lorenz Goldschmidt und der Kapitän Peter von Bremen mit ihrer Mannschaft den Seeräuber Hans von Enckhusen mit 28 Mann und drei Jungen auf der Elbe. Sie wurden im Baumhaus in Hamburg inhaftiert. Am 10. September wurden die 29 Männer auf dem Grasbrook hingerichtet, ihre Köpfe auf Pfähle gesteckt; die drei Jungen wurden aufgrund ihres Alters freigelassen. Am selben Tag erfolgte auch noch die Hinrichtung der Seeräuber Barthelt Buschmann und Hans Drewesen. Über die Hinrichtung der 29 erschienen zwei Flugblätter mit langen Gedichten und zwei Abbildungen, die in Nürnberg und Leipzig gedruckt wurden. Das eine Bild (vorderer Vorsatz) zeigt die Überwältigung der Seeräuber auf ihrem Schiff und wie sie zur Richtstätte geführt werden. Auf dem zweiten (hinterer Vorsatz) sind in einem Palisadenkreis auf der Richtstätte die Delinquenten zu sehen, außen stehen die Zuschauer. Mehrere Leichen mit abgeschlagenen Köpfen liegen schon aufgereiht am Boden. Der Henker holt gerade zum Schlag mit dem Richtschwert aus, während sein Gehilfe den Hinzurichtenden an einem Haarschopf hält, der auf dem zuvor wohl geschorenen Kopf übrig gelassen wurde. Außerhalb des Richtplatzes verscharren Helfer des Henkers Leichen, und auf einem Balken im Hintergrund sind die Köpfe wohl schon früher Hingerichteter zu sehen.

Wie im Mittelalter so gibt es auch in der Frühen Neuzeit Nachrichten und Erzählungen von einzelnen Männern, die als Seeräuber an den Küsten der Nord- und Ostsee eine gewisse Berühmtheit erlangten. Im Einzelfall ist der historische Hintergrund dieser Nachrichten aber kaum mehr zu ermitteln. So kann z.B. vermutet werden, dass hinter der Gefangennahme des Itzehoers Hans Bunsingk im Jahr 1546 durch die Kremper Bürger, die ihn der Seeräuberei gegen holländische Kauffahrer beschuldigten, die wirtschaftliche Konkurrenzsituation der beiden westholsteinischen Städte stand. Eher einen Privatkrieg mit Seeraub scheint etwa zur gleichen Zeit Wieben Peter gegen Dithmarschen geführt zu haben. Weil er einen Erbschaftsstreit durch viele Instanzen verlor, überzog er die Landschaft mit Raub und plünderte Dithmarscher Schiffe auf der Elbe und der Nordsee. Die Dithmarscher rüsteten darauf hin zwei Schiffe aus und segelten mit 100 Mann nach Helgoland, wo sie Peter 1545 im Kampf töteten.

Zu Beginn des 16. Jahrhunderts wurden die Hansestädte in die Thronstreitigkeiten Dänemarks einbezogen, in denen auch Seeraub eine wichtige Rolle spielte. Der 1522 aus Dänemark verdrängte König Christian II. floh nach Holland, wo er 1524 vier Schiffe ausrüsten ließ. Sie standen unter dem Befehl des Kopenhageners Klaus Kniphoff und sollten die Schifffahrt der Hanse schädigen. Kniphoff wurde mit Kaperbriefen versehen, deren Legalität später angezweifelt wurde, da Christian nicht mehr König war. Er warb Seeleute für dieses Unternehmen an, darunter waren auch verarmte Adlige, z.B. Simon Gans von Putlitz, Jürgen von Sydow und Benedict von Ahlefeldt. Zu der kleinen Flotte, deren größtes Schiff eine Karavelle war, kam 1525 der Seeräuber Klaus Rode mit seinem Schiff hinzu. Besonders Hamburger Han-

Abb. 25 Verschiedene Schiffstypen in der Deutschen Bucht 1526: ein ‚hamburgher boeyer‘ (hinten), eine ‚bremer scut‘ (rechts) und ein ‚hollanse hulck‘ (vorn). Ausschnitt aus der Karte von Jan van Hoirne, Caerte van de Ooster-scher Zee.

delsschiffe litten unter den Überfällen Kniphoffs, die erbeuteten Waren verkaufte er in Holland. Auf seinen Kaperfahrten in der Nordsee versuchte er sogar, Bergen in Norwegen anzugreifen, was aber misslang; erfolgreicher war er vor der schottischen Küste. Als Hamburg gegen ihn zwei Schiffe ausrüsten wollte, wurde es von Lübeck gewarnt, dass dies nicht reichen werde. Darauf ließ es vier Handelschiffe zu Kriegsschiffen umrüsten, vor allem also mit Kanonen bestücken. Zu dieser Zeit gelang es Lübecker Schiffen, einen anderen Seeräuber, Sören Norby, der im Auftrag Christians II. in der Ostsee operierte, vor der Küste von Blekinge zu fassen; drei seiner Schiffe wurden erobert, acht verbrannt. Die Hamburger Kriegsschiffe unter dem Kommando von Simon Parseval und mit den Hauptmännern Ditmar Koel, Klaus Hasse und Dirk von Minden suchten die Flotte von Klaus Kniphoff 1525 vergeblich in der Nordsee, so dass schon Zweifel am Erfolg der Aktion geäußert wurden. Als die Nachricht kam, dass sich Kniphoff in der Ems aufhalte, segelte die Flotte am 3. Oktober 1525, also sehr spät im Jahr, dorthin und nahm noch zwei kleinere Schiffe, zwei Bojer, mit. Am 6. Oktober trafen sie Kniphoffs Flotte bei Greetsiel, und es gelang nach einem heftigen Kampf, bei dem sich vor allem das Schiff von Ditmar Koel auszeichnete, die Seeräuber zu besiegen; es wurden 162 Gefangene gemacht. Nach einem triumphalen Einzug in Hamburg beschuldigte das hamburgische Niedergericht Kniphoff, 172 hansische Schiffe gekapert zu haben. Er berief sich zwar auf den Kaperauftrag Christians II., wurde aber am 30. Oktober 1525 mit 16 anderen Männern auf dem Grasbrook geköpft. Bis Januar 1526 wurden weitere 58 seiner Seeräuber hingerichtet.

Als Kaperfahrer in Diensten Christians II. war auch der Sohn eines Bürgermeisters in Burg auf Fehmarn, Marten Pechlin (um 1480-1526). Von Beruf ursprünglich Schiffer in Lübeck, geriet er 1521 nach einer Urfehde in Lübeck in wirtschaftliche Schwierigkeiten und wurde aus der Stadt verbannt. Vermutlich seit 1524 betrieb er Seeraub auf der Nord- und Ostsee. Als drei Handelsschiffe aus Bergen wegen eines Sturms am 3. September 1526 in einer Bucht in Südnorwegen Schutz suchten, trafen sie auf das Schiff Pechlins. In dem folgenden Kampf wurde dieser von dem Lübecker Handlungsgehilfen Gert Korffmaker erschossen. Die Fahne Pechlins wurde als Trophäe in der Lübecker Marienkirche über dem Bergenfahrergestühl aufgehängt.

In einen anderen Fall von Seeraub mit politischem Hintergrund war die Hansestadt Bremen in der ersten Hälfte des 16. Jahrhunderts verwickelt. Ihre Handelsschiffe wurden wiederholt durch Überfälle der ostfriesischen Häuptlingsfamilie von Esens, Wittmund und Stedesdorf geschädigt. 1539 z.B. ließ Balthasar von Esens zehn Bremer Schiffe kapern, die Bremer rächten sich durch die Verwüstung der Insel Spiekeroog, die im Herrschaftsbereich des Häuptlings lag. Hinter diesen Überfällen standen aber auch politische Interessen. Bremen unterstützte als Mitglied des Schmalkaldischen Bundes die Ausbreitung des Protestantismus, Balthasar von Esens wurde vom katholischen Herzog von Geldern unterstützt. Diese politischen Konstellationen standen aber sicher hinter den Interessen Balthasars am Seeraub zurück. Am 10. August 1539 gelang es einer Bremer Flotte, in der Wesermündung das Seeräuberschiff des Franz Beme mit 80 Mann Besatzung zu überwältigen. Es hatte kurz zuvor im Auftrag des Häuptlings ein mit Zucker beladenes Schiff beraubt. Zugleich konnten vier Gefangene an Bord, ein „Mohr“, ein französischer Steuermann und zwei Danziger, befreit werden.

Die Seeräuber wurden nach Bremen gebracht und – wohl wegen ihrer großen Zahl - an drei verschiedenen Stellen inhaftiert. In der Gerichtsverhandlung entschlossen sich die Bremer, die Männer als Seeräuber und nicht als Kaperer im Auftrag des Häuptlings anzuklagen. Ihnen wurde der Raub an zwei französischen, einem portugiesischen und einem englischen Schiff vorgeworfen. Zu ihrer Verteidigung brachten die Seeräuber – vergeblich – vor, dass sie ein Schiff verlassen treibend in der See vorgefunden hätten und der

Abb. 26 Hamburger Konvoischiffe auf der Elbe, Ölgemälde von Elias Galli, um 1680

gestohlene Zucker Juden, nicht Christen, gehört habe; zudem hätten sie im Auftrag Balthasars von Esens gehandelt. Dieses Argument akzeptierte das Gericht aber nicht, da dieser unter Reichsacht stand. Am 2. und 3. Oktober 1539 wurden alle Männer enthauptet, ihre an den Galgen genagelten Köpfe sollen noch bis 1547 dort gehangen haben. Als Balthasar von den Hinrichtungen erfuhr, lies er in Esens gefangene Bremer hinrichten. Erst 1540 belagerten und eroberten die Bremer Esens.

7. Der Schutz gegen Seeräuber

Die Schiffe, die Hamburg vom 14. bis ins 16. Jahrhundert gegen Seeräuber oder zu Kriegszwecken ausrüstete, wurden nur zu diesen Gelegenheiten gekauft oder gemietet und anschließend wieder als Handelsschiffe genutzt. Die Baienschiffe der Hanse fanden sich z.B. in der Regel ohne militärischen Schutz in großen Flotten zusammen und segelten gemeinsam Richtung Westfrankreich; die Mannschaften dieser Handelsfahrer versuchten, sich selbst zu schützen. Vereinzelt gab es auch schon Geleitschiffe, z.B. 1494 für eine Flotte nach Vlie und 1497 nach Helgoland. Auch im 16. Jahrhundert beauftragte Hamburg einzelne Konvoischiffe, und seit dem Beginn des 17. Jahrhunderts besaß die Stadt ein eigenes ständiges Kriegsschiff, das für Sicherheit auf der Elbe sorgte, deren weitgehende Kontrolle Hamburg durch kaiserliche Privilegien aus den Jahren 1468 und 1482 unterstand.

Mit der Entdeckung Amerikas 1492 und des Seewegs nach Indien 1498 verlagerten sich allmählich die Schwerpunkte des europäischen Handels von der Nord- und Ostsee wie auch vom Mittelmeer zum Atlantik. Neue Seehandelszentren entstanden in Westeuropa, Kolonialprodukte erbrachten hohen Gewinn, und die Staaten Spanien, Portugal sowie England, Frankreich und die Niederlande beherrschten nun den entstehenden Welthandel. Nach wie vor herrschte reger Schiffsverkehr auf Nord- und Ostsee, aber auch hier gab es starke Veränderungen; so verloren Lübeck und die Hanse allmählich wirtschaftlich an Bedeutung, aber Seestädte wie Hamburg mit ihrer Umorientierung auf den Überseehandel wuchsen weiterhin. Auch die Zentren des Seeraubs verlagerten sich nun in Richtung Übersee: Arbeitslose Seeleute, ehemalige Kaperfahrer, Gesetzlose und Abenteurer aus vielen Ländern zogen in Richtung Atlantik und in die Karibik, wo sie bis weit in das 18. Jahrhundert hinein in den versteckten Buchten der Inseln ganze Piratenflotten bildeten, die die reich beladenen Schiffe der Kolonialmächte bedrohten und ausplünderten.

Die Ausweitung des Hamburger Handels im 17. Jahrhundert nach Spanien und Portugal barg nun die Gefahr von Seeräuberüberfällen in ferneren Gegenden in sich. 1623 wurde in Hamburg die Admiralität aus Mitgliedern des Rats, der Kaufmannschaft und der Schiffer gegründet, um das Seerecht und die Schiffssicherheit zu organisieren. Insbesondere die Sicherheit der Handelsschiffe vor Seeräubern war der Admiralität wichtig, und so bildete sie 1662 eine Konvoi-Deputation, die für den Bau, die Ausrüstung und den Unterhalt spezieller Konvoischiffe zuständig war, also bewaffneter Begleitschiffe für die Handelsflotten. Dies war eine Reaktion auf die Verluste an Schiffen, Ladungen und Seeleuten durch nordafrikanische Piraten im Mittelmeer.

Auf der Suche nach Finanzierungsmöglichkeiten stieß man damals auf das Testament Simon von Utrechts aus dem 15. Jahrhundert, in dem dieser eine Geldsumme für Wachschiffe auf der Elbe bestimmte. Der Grabstein des 1437 verstorbenen Hamburger Bürgermeisters war in der Nikolaikirche längst verwittert, nun erinnerte die Stadt sich wieder seiner Verdienste und ließ einen neuen Gedenkstein anfertigen, auf dem ein Konvoischiff zu sehen war (Abb. 27).

1668/69 wurden die beiden dreimastigen und mit je 54 Kanonen bestückten Fregatten „Leopoldus Primus“ und „Wapen von Hamburg“ fertiggestellt; bis 1740 wurden weitere fünf Schiffe dieser Art gebaut. Sie begleiteten insgesamt 118 hamburgische Konvois von jeweils 20 bis 50 Handelsschiffen.

Abb. 27 Gedenkstein für Simon von Utrecht, mit Erwähnung des Siegs über Störtebeker und Michels aus der Nikolaikirche in Hamburg, um 1662

Da dies aber noch nicht ausreichte, wurden weitere Kriegsschiffe für 23 weitere Konvois gechartert. Diese finanziell aufwändigen Unternehmen trugen die Admiralität und die Hamburger Kämmerei zu gleichen Teilen. Hamburg war damals die deutsche Seestadt mit dem ausgedehntesten Handel und der umfangreichsten Reederei; um 1700 waren in der Stadt wohl 150 bis 200 Seeschiffe beheimatet, von den Küstenschiffen abgesehen. Die Fahrten der Konvois gingen nach England, Westeuropa, Spanien, Grönland und Archangelsk. Viele Angriffe auf Hamburger Konvoifahrer sind nicht überliefert, vielleicht ist dies ein Zeichen für ihre Sicherheit und Wirksamkeit. Ein Konvoi von acht Schiffen wurde am 22. Juni 1662 vor der portugiesischen Küste von zwei algerischen Korsarenschiffen mit je 300 Mann Besatzung und je 32 bzw. 34 Kanonen angegriffen. Ein Hamburger Schiff nach dem anderen wurde von den Seeräubern erbeutet, die Mannschaften konnten sich größtenteils in Booten an Land retten.

Der bekannteste Kapitän eines Konvoischiffs, der als Hamburgs berühmtester „Seeheld“ gilt, war Berend Jacobsen Karpfanger (1622-1683). Seit 1674 fuhr er Konvoischiffe, neun nach Spanien und zwei in das Eismeer. Auf einer Fahrt ins Mittelmeer 1676/77 gelang es Karpfanger, ein von Seeräubern bereits auf den Strand gesetztes Schiff wieder zu befreien. Seine Bekanntheit beruhte auf einem Seegefecht in der Elbmündung im Jahr 1678. Damals begleitete sein Schiff 50 Walfänger, die aus Grönland mit 550 Walen an Bord heimkehrten, als fünf französische Kaperer die Flotte angriffen. Dem ersten zerschoss er mit einer Breitseite die Masten, einem zweiten die Aufbauten, sodass sie abdrehten und die Flotte ohne Verluste heimkehrte. Sein zweites Schiff, die „Wapen von Hamburg“, fing 1683 im Hafen von Cadiz Feuer, ihre Pulverkammer explodierte und Karpfanger kam in dem Schiff um. In der Mitte des 18. Jahrhunderts nahmen die Gefahren durch Seeräuber für die norddeutschen Schiffe allmählich ab, und die Konvoischifffahrt wurde für Hamburg zu kostspielig; 1747 stellte die Stadt sie ein.

Bremen setzte bereits 1589 ein Konvoischiff zum Schutz des Schiffsverkehrs vor Seeräubern und sonstigen Feinden auf der Weser ein; es fuhr aber nicht weiter als nach Holland oder in die Elbmündung. Auch während des 17. Jahrhunderts sicherten einzelne Schiffe den Weserverkehr, eine eigentliche Konvoischifffahrt entstand hier allerdings erst in den 1690er Jahren auf Initiative von Kaufleuten. Diese kauften das Schiff „Goldener Löwe“ mit 20 Kanonen und 50 Mann Besatzung, sein Einsatz bis 1708 blieb aber umstrit-

Abb. 28 Das Konvoischiff Wapen von Hamburg (III) war 1722 bis 1737 in hamburgischem Dienst, bevor es in ein bewaffnetes Handelsschiff umgebaut wurde und wohl 1796 vor Saudi-Arabien strandete, Baumodell von 1720

ten. Die Bremer Konvoischifffahrt wurde privat organisiert und führte nicht über Fahrten nach England hinaus; wenn es Richtung Spanien gehen sollte, schlossen sich die Bremer Schiffe um 1700 Hamburger Konvois an. Aber schon in den Wattgebieten an der Nordseeküste bis nach Holland konnten Seeräuber lauern. Gegen diese schlossen sich die Bremer am Ende des 17. Jahrhunderts mit Emden und Harlingen zusammen und schickten kleine Begleitschiffe aus. Für Emden ist Konvoischifffahrt seit 1585 nachgewiesen, erst vereinzelt und seit den 1670er Jahren bis zum Beginn des 18. Jahrhunderts dann regelmäßig.

Da die Ausrüstung von Konvoischiffen gegen Seeräuber immer eine finanzielle Frage war und das Verhältnis zwischen Aufwand und Nutzen in den Handelsstädten heftig diskutiert wurde, hing sie auch eng mit den Fahrtgebieten zusammen. In der Ostsee war Konvoischiffahrt entsprechend weniger verbreitet. Die „Adler von Lübeck“ wurde zwar als Konvoischiff geplant, nach seiner Fertigstellung 1566 jedoch als Handelsschiff genutzt. Zu Beginn des 17. Jahrhunderts unterhielt Lübeck mehrere Kriegsschiffe zum Schutz der Schifffahrt auf der Ostsee. 1675 rüsteten Lübecker Kaufleute Konvoischiffe für die Westfahrt aus, weil Angriffe türkischer Seeräuber befürchtet wurden. Über mehrere Jahre, vermutlich bis 1679, wurde mindestens ein Schiff eingesetzt. Die Kaufleutekompagnien waren sich über die Erhebung eines Konvoigeldes aber nicht einig, und die Konvoischifffahrt wurde wohl eingestellt. Im August 1678 beging ein französisches Kaperschiff auf der Reede von Travemünde „allerhand raubereyen und insolentien“. Die Bedrohung von See konnte also nach wie vor jederzeit erfolgen, oft geschah sie aber auch im Rahmen von Kriegen.

8. In der Gewalt der Barbaresken

Die Konvoischifffahrt der Seestädte an Nord- und Ostsee war eine Reaktion auf die Bedrohung ihrer Handelsschiffe in der Nordsee, dem Atlantik und dem Mittelmeer durch Seeräuber und andere Feinde. Eine besondere Gefahr waren die nordafrikanischen Seeräuber, die Barbaresken. Von ihren Heimathäfen Algier, Tripolis und Tunis sowie von Marokko aus befuhren sie das Mittelmeer und die Küsten Westeuropas und drangen bis in die Nordsee und die Elbmündung vor. 1627 griffen die Barbaresken sogar Island an, töteten einen Teil der Bewohner und verschleppten einen anderen Teil. Vom Ende des 16. Jahrhunderts bis 1830 bildeten sie eine ständige Bedrohung für die Schifffahrt; sie beraubten die Handelsschiffe und entführten deren Besatzungen in die Sklaverei oder um Lösegeld für sie zu erlangen.

Abb. 29 Titelseite des Buches von Johann Frisch, Schau-Platz barbarischer Sclaverey, Hamburg 1694

Seit dem 16. Jahrhundert wurden die arabisch-berberischen Staaten Nordafrikas von den Europäern als ‚Barbaresken' bezeichnet. Sie standen – bis auf Marokko – unter loser Oberaufsicht des Osmanischen Reiches. Zum Überfall auf die christlichen Schiffe sahen sie sich legitimiert, seit der Malteserorden von Malta aus muslimische Handelsschiffe überfallen ließ und deren Besatzungen auf den Sklavenmärkten von Malta, Livorno und Neapel verkaufte. Nach der Reconquista, der katholischen Rückeroberung der von den Mauren besetzten Iberischen Halbinsel, griff zudem das katholische Spanien auf Nordafrika aus und bedrohte die dortigen Araber. Diese sahen sich in einem Kriegszustand mit den europäischen Staaten und nahmen dies als Legitimation für ihre Kaperei. Der ursprüngliche Hintergrund der Überfälle der Korsaren, wie sich die nordafrikanischen Seeräuber selbst nannten, war also eine christlich-muslimische Konfrontation. Faktisch waren die Barbaresken aber wirtschaftlich auf die Beute aus den Überfällen angewiesen. Nach ihren Vorstellungen waren die gefangenen Seeleute Kriegsgefangene, aus der Sicht der christlichen Europäer waren sie aber Sklaven, die verkauft und unmenschlich behandelt wurden.

Kurz nach 1600 nahmen die Überfälle von Barbaresken zu, da sie nun schnelle Segelschiffe besaßen und gut bewaffnet waren. Sie bildeten einerseits eine Gefahr für die Seeleute, verursachten andererseits aber auch großen wirtschaftlichen Schaden: Die Holländer verloren zwischen 1617 und 1625 insgesamt 206 Schiffe, Hamburg zwischen 1613 und 1621 allein 56 Schiffe. In dem einen Jahr 1662 wurden acht Handelschiffe der Hansestadt aufgebracht. Als Hamburg seine Konvoischifffahrt im 18. Jahrhundert verringerte, verlor die Stadt zwischen 1719 und 1747 wieder 50 Schiffe, und 682 Seeleute wurden in die Sklaverei verschleppt. 1749 befanden sich 104 Hamburger als Sklaven in Algier, 1752 noch 58; von diesen gehörten 43 dem dortigen Dey und 15 Privatleuten. Bis Ende 1754 waren alle ausgelöst.

Wie so ein Überfall verlief, ist mehrfach überliefert, z.B. von dem Schiff ‚Oranje Boom'. Im Jahr 1687 segelte es unter holländischer Flagge nach Trondheim und nahm dort eine Ladung Stockfisch und Dielen an Bord. Die Mannschaft unter dem Schiffer Ipke Paulsen stammte von den Halligen, von Oland, Langeneß, Gröde und Hooge. Am 20. Juni kam auf der Höhe der Doggerbank vor der nordenglischen Küste ein Segler unter holländischer Flagge auf sie zu. Der Steuermann berichtete: „Er that einen Schuß mit losem Pulver nach uns, so dass wir muthmaßten, er sei ein Freund oder holländischer Kreuzer, warfen's also über Stack, brasseten unser Vorsegel auf den Mast, und warteten auf ihn, in der Meinung, dass er ein bekannter sei, oder an etwas Mangel leide." Plötzlich zog der Segler aber die türkische Flagge auf, und seine Mannschaft feuerte aus Musketen. Der ‚Oranje Boom' gelang es nicht, vor dem mit 32 Kanonen bestückten Seeräuberschiff zu entkommen; sie stieß es zwar noch einmal weg, „allein sie schlugen ihre Haken an unser Schiff, als dass ungefehr 14 Türken mit ihren Enterbeilen, Hauern und Pistolen überkamen." (Rheinheimer, Sklave, S. 36) Die Mannschaft wurde gefangen genommen und auf das Seeräuberschiff gebracht, auf dem sich bereits 109 Gefangene befanden, holländische Fischer, sieben z.T. schwangere Frauen und englische Kinder. Geführt wurde das Schiff von einem Lübecker, der in die nordafrikanische Sklaverei geraten war; als er während der Fahrt starb, übernahmen ein Hamburger und ein Schwede die Schiffsführung. Die Arbeit an Bord verrichteten 16 Sklaven aus Algier. Vor den Shetlandinseln wurde ein weiteres holländisches Schiff überfallen, und dann nahmen sie Kurs Richtung Mittelmeer. Am 26. Juli trafen die Seeräuber allerdings auf ein französisches Kriegsschiff, das deren veralteten französischen Seepass nicht anerkannte, sie aufbrachte und mit den ca. 140 Befreiten nach Toulon segelte. Dort gingen die befreiten Christen am 14. September 1687 an Land und erhielten Pässe und Reisegeld. Die friesischen Seeleute reisten nach Bordeaux,

Abb. 30 Epitaph von 1678 aus gesammeltem Lösegeld in der Kirche von Brede bei Tondern für Jørgen Martensen, der in Gefangenschaft 1676 von einem Türken zu Tode gepeitscht wird, während die Gemeinde für ihn betet

wo sie weitere Unterstützung von einem Konsul erhielten, und weiter nach Amsterdam, Friedrichstadt und Tönning und über Husum in ihre Heimat auf die Halligen. Der Schiffer Ipke Paulsen erfuhr, dass sein Schiff von englischen Schiffern gerettet worden war und konnte es gegen einen Bergelohn abholen. Aber nur wenige Überfälle endeten für die Beteiligten so glimpflich.

Es wird auch vorgekommen sein, dass nordafrikanische Seeräuber von norddeutschen Schiffen gefangen genommen werden konnten, denn 1624 wurden einige „türkische" Seeräuber in Hamburg enthauptet.

In Hamburg gründeten Schiffer und Steuerleute 1622 eine private Lösegeld-Versicherung, die ‚Casse der Stücke von Achten'. Als Beitrag war ein spanischer Peso von acht Realen – der in Kastilien üblichen Währung, in der das Lösegeld gezahlt wurde, daher der Name – einzuzahlen. Aus den Mitteln der Kasse konnten dann Seeleute freigekauft werden. Vor jeder Fahrt musste in die Kasse eingezahlt werden. Für einfache Matrosen war jedoch kein Lösegeld vorgesehen. Man musste auch Hamburger Bürger sein; da aber viele Seeleute aus dem Umland auf den Hamburger Schiffen fuhren, waren sie ausgeschlossen. Oft wollten sich auswärtige Seeleute auch nicht durch den Eintritt in die Kasse an Hamburger Reeder binden. 1624 erfolgte dann durch die Admiralität die Gründung einer Sklavenkasse in Hamburg. Auch sie war für den Freikauf gefangener Seeleute bestimmt. Sie finanzierte sich durch Einzahlungen der Hamburger Reeder und Seeleute, denen vor jeder Fahrt je nach Rang eine Summe von der Heuer abgezogen wurde. Zusätzlich gab es ‚Sklavenkollekten' in den Kirchen.

Auch die Lübecker Schifffahrt war von den Barbaresken betroffen. Zwischen 1615 und 1629 wurden insgesamt 22 lübeckische Schiffe im Atlantik und im Mittelmeer von nordafrikanischen Seeräubern überfallen, so dass auf Anordnung des Lübecker Rats 1629 eine Sklavenkasse eingerichtet wurde. Zu dieser Zeit befanden sich noch 24 Seeleute in Gefangenschaft der Barbaresken. Jeder Schiffer musste entsprechend seiner Fracht in die Kasse einzahlen. Da die Lübecker Mittelmeerfahrt in der Mitte des 17. Jahrhunderts abnahm, war die Kasse finanziell so gut ausgestattet, dass sie der Stadt mit Darlehen aushelfen konnte. Auch im 18. Jahrhundert, als kaum noch Lübecker Schiffe bis nach Spanien fuhren und deshalb nur wenige Seeleute in Gefangenschaft gerieten, wurde die Sklavenkasse für andere Zwecke in der Stadt genutzt. 1805 wurde zum letzten Mal ein Lübecker Seemann mit ihrer Hilfe ausgelöst, 1861 wurde ihr Vermögen dann vor allem zur Ablösung des dänischen Sundzolls verwandt.

In Dänemark vergab der König ‚Slavebøger' (Sklavenbücher), mit denen Angehörige von entführten Seeleuten vor den Kirchen sammeln durften. Aus dem Sklavenbuch des Niels Jensen aus Hadersleben vom Jahr 1687 ist zu ersehen, wohin er überall wanderte, um für seinen gefangenen Sohn zu betteln. Sein Weg führte ihn bis April 1688 von Kopenhagen über Odense und Ribe bis nach Föhr und Schleswig. Der Ertrag der Sammlung scheint aber nicht hoch gewesen zu sein und reichte sicher nicht zur Auslösung seines Sohnes; für Angehörige von Seeleuten war es allein sehr schwer, die Summe für den Freikauf aufzubringen. Angaben zu solchen privaten Sammelaktionen finden sich auch in Rechnungsbüchern von Orten in den Herzogtümern, so

Abb. 31 Um Almosen flehende Sklaven. Holzfiguren der Sammelbecken für die Sklavenkasse in den Hamburger Kirchen, 18. Jahrhundert

z.B. in Plön oder Neuenkirchen an der Stör. Zu Beginn des 18. Jahrhunderts wurden in Dänemark zweimal jährlich in den Kirchen Sammlungen für die Gefangenen durchgeführt; das Geld erhielt die neu eingerichtete Sklavenkasse. Diese Sammlungen wurden 1716 auch auf die Herzogtümer Schleswig und Holstein und die Grafschaft Oldenburg ausgedehnt. Im selben Jahr wurde für Dänemark und Norwegen – und seit 1723 auch für Holstein – eine Zwangsversicherung für Seeleute verordnet. Jeder Schiffer und Steuermann musste pro Reichstaler Heuer einen Schilling, jeder Bootsmann einen Sechsling an die Sklavenkasse abgeben. Zusätzlich musste für jede Commerzlast Fracht eine Abgabe gezahlt werden. Mit Hilfe der Sklavenkasse gelang es zwischen 1716 und 1736 immerhin 165 gefangene Seeleute freizukaufen. Das waren aber durchaus nicht alle Gefangenen, so dass weiterhin private Sammlungen nötig waren. Insgesamt fällt aber auf, dass die Lösung des Problems der gefangenen Seeleute von privaten Initiativen ausging und dann zu staatlichen Maßnahmen führte.

Die europäischen Staaten versuchten auch, die Überfälle durch Verträge mit den Barbaresken und durch Tributzahlungen zu verhindern. Erste Verträge zwischen Frankreich, Holland und England und den Barbareskenstaa-

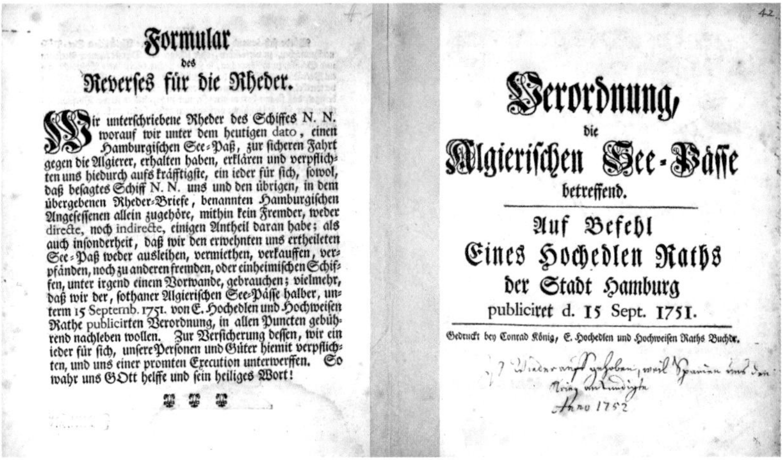

Formular
des
Reverses für die Rheder.

Wir unterschriebene Rheder des Schiffes N. N. worauf wir unter dem heutigen dato, einen Hamburgischen See-Paß, zur sicheren Fahrt gegen die Algierer, erhalten haben, erklären und verpflichten uns hiedurch aufs kräfftigste, ein ieder für sich, sowol, daß besagtes Schiff N. N. uns und den übrigen, in dem übergebenen Rheder-Briefe, benannten Hamburgischen Angesessenen allein zugehöre, mithin kein Fremder, weder directe, noch indirecte, einigen Antheil daran habe; als auch insonderheit, daß wir den erwehnten uns ertheileten See-Paß weder ausleihen, vermiethen, verkauffen, verpfänden, noch zu anderen fremden, oder einheimischen Schiffen, unter irgend einem Vorwande, gebrauchen; vielmehr, daß wir der, sothaner Algierischen See-Pässe halber, unterm 15 Septemb. 1751. von E. Hochedlen und Hochweisen Rathe publicirten Verordnung, in allen Puncten gebührend nachleben wollen. Zur Versicherung dessen, wir ein ieder für sich, unsere Personen und Güter hiemit verpflichten, und uns einer promten Execution unterwerffen. So wahr uns GOtt helffe und sein heiliges Wort!

Verordnung,
die
Algierischen See-Pässe
betreffend.

Auf Befehl
Eines Hochedlen Raths
der Stadt Hamburg
publiciret d. 15 Sept. 1751.

Gedruckt bey Conrad König, E. Hochedlen und Hochweisen Raths Buchdr.

Abb. 32 Hamburger Verordnung für Schutzpässe gegen algerische Seeräuber 1751

ten wurden schon im 17. Jahrhundert abgeschlossen, Schweden folgte 1728 und Dänemark schloss 1746 mit Algier, 1751 mit Tunis, 1752 mit Tripolis und 1753 mit Marokko Friedensverträge. Darin wurden u.a. freie Schifffahrt im Mittelmeer, Zollermäßigungen und als Gegenleistung hohe Tributzahlungen vereinbart. Die Tribute wurden durch die Sklavenkasse finanziert. Jedes dänische Schiff musste zudem seit 1747 einen algerischen Seepass erwerben, und auch die Abgaben von der Ladung und der Heuer der Seeleute wurden erhöht. Allein für schwedische Schiffe wurden zwischen 1739 und 1831 30.546 algerische Seepässe ausgegeben. Die Überfälle auf die Schiffe dieser Staaten gingen merklich zurück, hörten aber nicht vollständig auf, weil die Barbaresken dadurch z.B. höhere Tributzahlungen veranlassen wollten. Zugleich lieferten die europäischen Staaten auch Waffen an die Seeräuber und ermöglichten diesen damit eine noch schlagkräftigere Ausstattung ihrer Schiffe. Mitunter hatte dies kriegerische Auseinandersetzungen zur Folge, 1770 bis 1772 beschoss z.B. die dänische Flotte Algier. Die vertragschließenden europäischen Staaten hatten aber auch den Vorteil, dass sie ein Monopol auf den Mittelmeerhandel erlangten; Hamburg z.B. schloss keine Verträge mit den Barbaresken. Es wickelte seinen Mittelmeerhandel über das benachbarte Altona ab, das unter die dänischen Schutzbestimmungen fiel und nun einen starken Aufschwung seines Seehandels verzeichnen konnte. Mit der

Abb. 33 Der Schoner Luise im Kampf mit einem Piratenschiff aus Tripolis, das die englische Flagge führt, Aquarell von Jacob Petersen 1845

Abnahme des Seeraubs im 18. Jahrhundert verbreitete sich auch wieder das Seeversicherungsgeschäft, denn zuvor mussten fünf bis zehn Prozent des Warenwerts für Versicherungen gezahlt werden, und das war den meisten Kaufleuten zu teuer.

Von den gefangene Seeleuten sind in verschiedenen Archiven Briefe erhalten, in denen sie – je nachdem, wie briefgeübt sie waren – über ihr Schicksal berichten und um Hilfe ersuchen. Martin Rheinheimer hat diese Briefe ausgewertet, in denen immer Hoffnung auf Hilfe und Freikauf durch Ehefrauen und Mütter durchscheint, aber auch Resignation aufgrund von Erschöpfung und Hoffnungslosigkeit. Zugleich sind die Briefe nicht frei von zeitgenössischen Floskeln und Stereotypen. Sie wurden in einer Situation von Verzweiflung geschrieben, in der der Schreiber nicht wusste, ob er ein Leben lang in einer fremden Welt würde bleiben müssen. In den nordafrikanischen Hafenstädten arbeiteten die Gefangenen z. B. als Diener und Gehilfen oder auf den Werften. Wer auf den dortigen Sklavenmärkten verkauft wurde, konnte bis in das Innere Afrikas verschleppt werden und damit für immer verschwinden. Keine Chance auf einen Freikauf hatte ein Gefangener, wenn er zum Islam übertrat.

Die Freikäufe von Gefangenen erfolgten durch die Vermittlung von Bank- und Handelshäusern in Frankreich und Italien oder durch geistliche Orden. In spätere Zeit übernahmen die Vermittlung die englischen, holländischen, dänischen und schwedischen Konsuln in den nordafrikanischen Staaten. Auch die dortigen jüdischen Kaufleute wurden dafür in Anspruch genommen. Die Freigekauften und Rückkehrer hatten oft abenteuerliche Geschichten zu berichten und schrieben diese mitunter auch auf. Ein bemerkenswertes Schicksal hatte der Amrumer Hark Olufs. Im Alter von 15 Jahren geriet er 1724 vor den Scilly-Inseln in algerische Gefangenschaft und wurde als Sklave verkauft. Im Dienst des Beys von Constantine erwarb er sich aber Verdienste und stieg bis zum Schatzmeister und Obersten der Kavallerie auf. 1736 wurde er entlassen und kehrte nach Amrum zurück, wo er als ungewöhnlicher Inselbewohner auch noch nach seinem Tod 1754 in Erzählungen fortlebte.

Es kam aber weiterhin bis ins 19. Jahrhundert zu Übergriffen nordafrikanischer Seeräuber auf europäische Schiffe, denn oft fuhr nur das Schiff oder nur ein Teil der Mannschaft unter der Flagge eines geschützten Staates. Die Mannschaft setzte sich oft aus Seeleuten verschiedener Länder zusammen. Die gefangenen Seeleute mussten dann darunter leiden, dass sich verschiedene Länder die Zuständigkeit für sie zuschoben und die Hilfe sich verzögerte.

Ein Aufsehen erregender Fall von Kaperei durch Barbaresken ereignete sich im Jahr 1817 und verdeutlichte, dass diese Gefahr für die norddeutsche Schifffahrt noch nicht vorüber war. Am 3. Juli 1817 wurde das unter russischer Flagge segelnde Schiff „Industrie" des Lübecker Kapitäns Johann Joachim Schümann vor der portugiesischen Küste von Barbaresken überfallen, die sich als Engländer getarnt hatten. Während fünf Mann seiner Mannschaft auf dem Barbareskenschiff inhaftiert wurden, gelang es Schümann mit den anderen fünf Matrosen, die elf Seeräuber auf seinem Schiff zu töten und nach Lissabon zu segeln. Die Gefangenen wurden nach Algier gebracht und wären mit Hilfe ausländischer Konsuln bald freigekommen, als man dort aus europäischen Zeitungen von der Befreiungsaktion Schümanns und dem Tod der Seeräuber erfuhr. Nun wurden die Gefangenen weiter in Haft gelassen. Es begannen rege diplomatische Verhandlungen, die schließlich am 15. Dezember 1817 zur Freilassung der fünf Seeleute führten; auf einem genuesischen Schiff verließen sie Algier und erreichten auf Umwegen am 2. Juli 1818 Hamburg. In Lübeck wurden die Seeleute ausführlich nach ihren Erlebnissen befragt, jedoch nicht nur aus Neugier, sondern auch, um seitens der Stadt festzustellen, wer rechtmäßig Entschädigungszahlungen und Belohnungen – für das gerettete Schiff – erhalten dürfe.

Zu dieser Zeit wurde immer mehr öffentlich gefordert, gegen die Barbares-

Abb. 34 Der Lübecker Kapitän Schümann überwältigt 1817 nordafrikanische Seeräuber, Gemäldeentwurf von Carl Julius Milde, nach 1851

Abb. 35 Der verletzte Störtebeker wird an den Mastbaum gefesselt nach Hamburg gebracht, Lithographie, 19. Jahrhundert

ken vorzugehen. In Hamburg bestand 1818/19 sogar für kurze Zeit ein „Antipiratischer Verein". England, Frankreich und die USA hatten die am besten bewaffneten Kriegsschiffe, sie vernichteten zwischen 1801 und 1827 die Flotten der einzelnen Barbareskenstaaten. Zwischen den Städten Hamburg, Bremen und Lübeck wurde noch 1829 beraten, wie die Barbareskengefahr durch Geldzahlungen beseitigt werden könne. Diese Überlegungen wurden aber hinfällig, als Frankreich 1830 Algier eroberte und damit die Überfälle nordafrikanischer Seeräuber endeten.

Noch in den napoleonischen Kriegen wurden Kaperschiffe eingesetzt, im weiteren 19. Jahrhundert wurden dann aber die Marinestreitkräfte der einzelnen Großmächte so stark, dass kaum noch Kaperfahrer in Anspruch genommen wurden und auch Seeräuber in der Nord- und Ostsee kein Auskommen mehr hatten. Die Großmächte erklärten die Kaperei, also die staatlich gestützte Piraterie, 1856 für abgeschafft. Seeräuber gab es dennoch weiterhin, auch wenn sie in Europa keine große Rolle mehr spielten. In Südostasien z. B. beherrschten sie noch während des ganzen 19. Jahrhunderts in großen Flotten das Meer.

Abb. 36 Störtebeker wird nach Hamburg gebracht, Entwurf für den Umzug zum Bundesschießen in Hamburg 1909, Gouache von Herrman De Bruycker

9. Vom Mythos der Seeräuber

Bereits wenige Jahre nach den Hinrichtungen Klaus Störtebekers und der anderen Vitalienbrüder begannen erste schriftliche Aufzeichnungen, die deren Taten ausschmückten. Der Lübecker Ratsschreiber Rufus schrieb zwischen 1406 und 1430, dass ein Teil der Vitalienbrüder nach Spanien floh und dort weiter dem Seeraub nachging. Dies ist ebenso wenig verbürgt wie die unüberschaubare Vielzahl von Geschichten und Erzählungen, die in den folgenden Jahrhunderten über die Seeräuber um Störtebeker entstanden. Es wurde bereits gezeigt, dass Quellen über die Vitalienbrüder in der Ostsee durchaus vorhanden sind, über Störtebeker selbst aber nur wenig gesicherte Nachrichten vorliegen und er noch nicht einmal – im Unterschied zu dem damals bekannteren Michels – anlässlich seiner Hinrichtung erwähnt wird. Möglicherweise genoss Störtebeker bereits zu Lebzeiten einen gewissen Ruf, der durch Volkserzählungen weitergetragen und ausgeschmückt wurde. Auch die Tatsache, dass man wenig über ihn wusste, mag die Phantasie der Erzähler und Schreiber angeregt haben. Hier entsprechen die Seeräuber anderen historischen, aber auch sagenhaften Gestalten wie Robin Hood oder Richard Löwenherz. Wenn es tatsächlich eine allgemeine Erleichterung über das Ende der Vitalienbrüder nach Jahren der Bedrohung gegeben hat, dann wollte diese vielleicht auch durch spannende Geschichten bedient werden. Das Bild, das spätestens seit dem 19. Jahrhundert von Störtebeker vorherrscht, hat mit der Realität des späten Mittelalters nur wenige historische

Abb. 37 Hamburger Medaille zum damals angenommenen Jahrestag der Hinrichtung Störtebekers 1701, Vorderseite mit Porträt Störtebekers

Rahmendaten gemein, der Rest ist Erfindung. Als die Mythenbildung über Störtebeker und die Vitalienbrüder begann, spielte es wohl auch kaum eine Rolle, was sich damals tatsächlich ereignet hatte, und so ist es bei der heutigen Faszination durch die Seeräuber und Piraten nach wie vor. Sie verkörperten Unabhängigkeit und Ungebundenheit, Abenteuer und schnell erworbenen Reichtum. Im Spätmittelalter und in der Frühen Neuzeit boten sie zugleich das Bild einer Gegengesellschaft, frei von bürgerlichen Tugenden und Zwängen und keiner Konvention einer ansonsten stark gegliederten Gesellschaft unterworfen. Das mit einem gefährlichen Leben als Seeräuber verbundene Risiko wird für die ärmeren Menschen der damaligen Zeit kaum abschreckend gewirkt haben, sie standen oft selbst am Rande der Existenz. Zudem hatten die Vitalienbrüder als Likedeeler den Ruf einer Gemeinschaft gleichberechtigter Mitglieder, und da sie in der Regel nur bei wohlhabenden Kaufleuten Beute suchten, mag ihr Bild bei ärmeren Menschen durchaus positiv gewesen sein. Dieses Bild wurde im Lauf der Jahrhunderte durch vielfältige Facetten ergänzt und erweitert, vor allem kamen die Erzählungen über Piraten des 17. und 18. Jahrhunderts hinzu, die besonders im Atlantik und in der

Abb. 38 Hamburger Medaille zum Jahrestag der Hinrichtung Störtebekers 1701, Rückseite mit Stadtansicht und Grasbrook

Karibik ihr Unwesen trieben. Schaut man sich den heutigen Buch- und Spielzeugmarkt an, dann spielen darin Seeräuber noch immer eine wichtige Rolle.

Von den Seeräubern des Ost- und Nordseeraums ist Störtebeker in den Sagen und Erzählungen der am meisten genannte. Geschichten über Klaus Kniphof, Wieben Peter oder andere Seeräuber gibt es vereinzelt auch, sie sind aber unbedeutend. Sagenhafte Berichte über Störtebeker sind über den norddeutschen Raum von Ostfriesland bis nach Pommern verbreitet, gut erforscht und umfassen fast alle seine Lebensphasen und Wirkungsbereiche. Sie drehen sich um seinen Namen und Geburtsort, sein Aussehen, seine Schlupfwinkel, Beutezüge, Verbündeten und verborgenen Schätze, seinen Nachlass und seine Stiftungen und dann natürlich seine Gefangennahme und Hinrichtung. Es geht darin auch um die Orte, an denen er noch spukt, seine dämonischen Gefährten und seinen Umgang mit entführten unschuldigen Frauen. Auch seine Verstecke waren – glaubt man den vielen Sagen – über ganz Norddeutschland verteilt: Anneliese Blasel ermittelte allein 31 in Pommern, eines in der Uckermark, 22 in Mecklenburg, eines auf Bornholm, 36 in

Abb. 39 „Störtebeker-Pokal", silbernes Trinkgefäß der Hamburger Schiffergesellschaft, um 1650

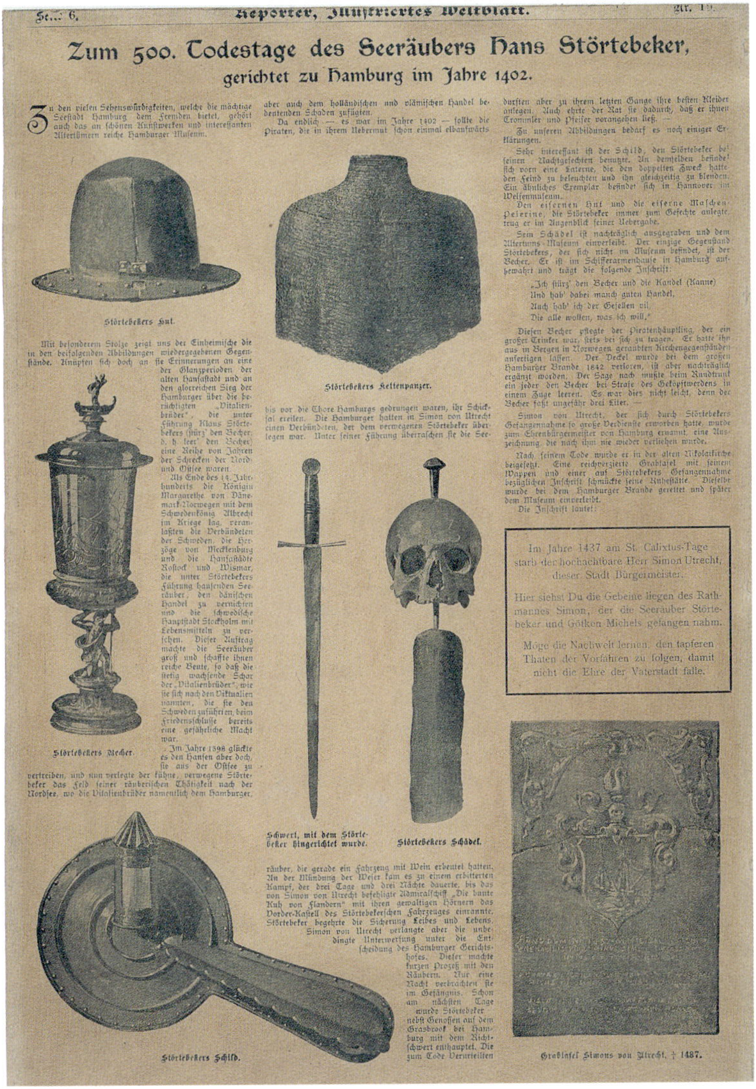

Reporter, Illustriertes Weltblatt.

Zum 500. Todestage des Seeräubers Hans Störtebeker,

gerichtet zu Hamburg im Jahre 1402.

Zu den vielen Sehenswürdigkeiten, welche die mächtige Seestadt Hamburg dem Fremden bietet, gehört auch das an schönen Kunstwerken und interessanten Altertümern reiche Hamburger Museum.

Störtebekers Hut.

Mit besonderem Stolze zeigt uns der Einheimische die in den beifolgenden Abbildungen wiedergegebenen Gegenstände. Knüpfen sich doch an sie Erinnerungen an eine der Glanzperioden der alten Hansastadt und an den glorreichen Sieg der Hamburger über die berüchtigten „Vitalienbrüder", die unter Führung Klaus Störtebekers (stürz' den Becher, d. h. leer' den Becher) eine Reihe von Jahren der Schrecken der Nord- und Ostsee waren.

Als Ende des 14. Jahrhunderts die Königin Margarethe von Dänemark-Norwegen mit dem Schwedenkönig Albrecht im Kriege lag, veranlaßten die Verbündeten der Schweden, die Herzöge von Mecklenburg und die Hansastädte Rostock und Wismar, die unter Störtebekers Führung hausenden Seeräuber, den dänischen Handel zu vernichten und die schwedische Hauptstadt Stockholm mit Lebensmitteln zu versehen. Dieser Auftrag machte die Seeräuber groß und schaffte ihnen reiche Beute, so daß die stetig wachsende Schar der „Vitalienbrüder", wie sie sich nach den Viktualien nannten, die sie den Schweden zuführten, beim Friedensschlusse bereits eine gefährliche Macht war.

Störtebekers Becher.

Im Jahre 1398 glückte es den Hansen aber doch, sie aus der Ostsee zu vertreiben, und nun verlegte der kühne, verwegene Störtebeker das Feld seiner räuberischen Thätigkeit nach der Nordsee, wo die Vitalienbrüder namentlich dem Hamburger, aber auch dem holländischen und vlämischen Handel bedeutenden Schaden zufügten.

Da endlich — es war im Jahre 1402 — sollte die Piraten, die in ihrem Uebermut schon einmal elbaufwärts

Störtebekers Kettenpanzer.

bis vor die Thore Hamburgs gedrungen waren, ihr Schicksal ereilen. Die Hamburger hatten in Simon von Utrecht einen Verbündeten, der dem verwegenen Störtebeker überlegen war. Unter seiner Führung überraschten sie die See-

Schwert, mit dem Störtebeker hingerichtet wurde.

Störtebekers Schädel.

räuber, die gerade ein Fahrzeug mit Wein erbeutet hatten. An der Mündung der Weser kam es zu einem erbitterten Kampf, der drei Tage und drei Nächte dauerte, bis das von Simon von Utrecht befehligte Admiralschiff „Die bunte Kuh von Flandern" mit ihren gewaltigen Hörnern das Vorder-Kastell des Störtebekerschen Fahrzeuges einrannte. Störtebeker begehrte die Sicherung Leibes und Lebens. Simon von Utrecht verlangte aber die unbedingte Unterwerfung unter die Entscheidung des Hamburger Gerichtshofes. Dieser machte kurzen Prozeß mit den Räubern. Nur eine Nacht verbrachten sie im Gefängnis. Schon am nächsten Tage wurde Störtebeker nebst Genossen auf dem Grasbrook bei Hamburg mit dem Richtschwert enthauptet. Die zum Tode Verurteilten durften aber zu ihrem letzten Gange ihre besten Kleider anlegen. Auch ehrte der Rat sie dadurch, daß er ihnen Trommler und Pfeifer vorangehen ließ. —

Störtebekers Schild.

Zu unseren Abbildungen bedarf es noch einiger Erklärungen.

Sehr interessant ist der Schild, den Störtebeker bei seinen Nachtgefechten benutzte. An demselben befindet sich vorn eine Laterne, die den doppelten Zweck hatte, den Feind zu beleuchten und ihn gleichzeitig zu blenden. Ein ähnliches Exemplar befindet sich in Hannover im Welfenmuseum.

Den eisernen Hut und die eiserne Maschen-Pelerine, die Störtebeker immer zum Gefechte anlegte, trug er im Augenblick seiner Uebergabe.

Sein Schädel ist nachträglich ausgegraben und dem Altertums-Museum einverleibt. Der einzige Gegenstand Störtebekers, der sich nicht im Museum befindet, ist der Becher. Er ist im Schifferarmenhause in Hamburg aufbewahrt und trägt die folgende Inschrift:

„Ich stürz' den Becher und die Kandel (Kanne)
Und hab' dabei manch guten Handel,
Auch hab' ich der Gesellen vil,
Die alle wollen, was ich will."

Diesen Becher pflegte der Piratenhäuptling, der ein großer Trinker war, stets bei sich zu tragen. Er hatte ihn aus in Bergen in Norwegen geraubten Kirchengegenständen anfertigen lassen. Der Deckel wurde bei dem großen Hamburger Brande 1842 verloren, ist aber nachträglich ergänzt worden. Der Sage nach mußte beim Rundtrunk ein jeder den Becher bei Strafe des Geköpftwerdens in einem Zuge leeren. Es war dies nicht leicht, denn der Becher faßt ungefähr drei Liter. —

Simon von Utrecht, der sich durch Störtebekers Gefangennahme so große Verdienste erworben hatte, wurde zum Ehrenbürgermeister von Hamburg ernannt, eine Auszeichnung, die nach ihm nie wieder verliehen wurde.

Nach seinem Tode wurde er in der alten Nikolaikirche beigesetzt. Eine reichverzierte Grabtafel mit seinem Wappen und einer auf Störtebekers Gefangennahme bezüglichen Inschrift schmückte seine Ruhestätte. Dieselbe wurde bei dem Hamburger Brande gerettet und später dem Museum einverleibt.

Die Inschrift lautet:

Im Jahre 1437 am St. Calixtus-Tage starb der hochachtbare Herr Simon Utrecht, dieser Stadt Bürgermeister.

Hier siehst Du die Gebeine liegen des Rathmannes Simon, der die Seeräuber Störtebeker und Götken Michels gefangen nahm.

Möge die Nachwelt lernen, den tapferen Thaten der Vorfahren zu folgen, damit nicht die Ehre der Vaterstadt falle.

Grabtafel Simons von Utrecht, † 1487.

Abb. 40 Das Illustrierte Weltblatt, eine Zeitungsbeilage von 1902 zum vermuteten 500. Todestag von Klaus Störtebeker, mit angeblichen Störtebeker-Reliquien, darunter dem „Störtebeker-Pokal"

Schleswig-Holstein, vier auf Hamburger Grund – einschließlich des Besitzes an der Elbmündung –, drei im Herzogtum Oldenburg und sechs in Ostfriesland. Seine geraubten Schätze waren in Höhlen, Seen, Dünen, Grabhügeln, Burgen, Ruinen und auf Inseln versteckt.

Die Person Störtebeker wird einerseits als gewalttätiger, brutaler und schonungsloser Räuber geschildert, als Mensch war er aber hilfreich und mildtätig, nahm den Reichen ihre Vermögen weg und gab sie den Armen. Nur feige List konnte ihn besiegen, und noch kurz vor seiner Hinrichtung setzte er sich für seine Gefährten ein, als er den Henker bat, dass alle seine Leute verschont werden sollten, an denen er ohne Kopf würde vorbeilaufen können. Auch da wiederum konnte er nur durch den Henker aufgehalten werden, der ihm trotz seiner Zusage einen Klotz vor die Füße warf, so dass er stolpern musste. Godeke Michels bleibt bei allen Erzählungen immer im Schatten Störtebekers.

Von großen Schätzen der Vitalienbrüder bei ihrer Gefangennahme ist nichts bekannt, sie besaßen diese vermutlich auch nicht. Der Sage nach ließen aber die Hamburger die Spitze der Katharinenkirche aus dem Beutegut Störtebekers vergolden. 1866 wandte sich der verarmte Johann Hinrich Störtebeker aus dem Dorf Kröss bei Oldenburg in Ostholstein an den Hamburger Senat mit der Bitte, ihm einen Teil des Erbes zu überlassen, das die Hamburger seinem angeblichen Vorfahren abgenommen hatten. Der Hamburger Senat beantwortete dieses Schreiben nicht. Der für die Bearbeitung zuständige Archivar empfahl dem Senat jedoch intern, dass ein solch unverfrorenes Schreiben, das auch zur Belustigung beigetragen hatte, eine Gratifikation rechtfertige.

Bereits in der Mitte des 16. Jahrhunderts wurde ein Lied auf Störtebeker, Michels und die Vitalienbrüder mit ihren Erlebnissen gedruckt, das fast alle Themen der späteren Sagen enthält. 1526 entstand ein Lied auf den Seeräuber Marten Pechlin. Auch in den folgenden Jahrhunderten folgten Gedichte und Lieder auf Störtebeker, u.a. schrieb Klopstock 1777 eine Ode zu dem Thema. Parallel zur historischen Erforschung der Seeräuber auf der Nord- und Ostsee seit dem 19. Jahrhundert, die sich bis heute auf die Vitalienbrüder konzentriert, entstand eine umfangreiche literarische Produktion, für die die Seeräuber – und hier vor allem wieder Störtebeker – die Phantasie anregten und spannende Geschichten lieferten. Theodor Fontane konnte seinen Roman „Die Likedeeler“ nie abschließen, im 19. Jahrhundert entstanden aber andere unterhaltsame Verarbeitungen des Stoffes. Im 20. Jahrhundert wurden mehrere Reihen von Fortsetzungsheften und rund 30 Romane um Störtebeker und die Vitalienbrüder geschrieben, darunter von Klabund, Hans Leip und Willi Bredel, dessen in zahlreichen Auflagen gedruckte „Vitalienbrüder“ wiederum den klassenkämpferischen Aspekt betonen. Gerade in den letzten Jahren nahm die Zahl der Romane und auch Kinderbücher über

Abb. 41 Störtebeker-Festspiele Ralswiek 2003, Szenenfoto von Ortwin Pelc

Störtebeker – aber auch über Piraten im allgemeinen – mit dem steigenden Interesse an historischen Romanen zu.

Die Vermarktung Störtebekers begann bereits Ende des 17. Jahrhunderts. Nach 1682 brachte der Nürnberger Kunsthändler David Funck ein Kupferstichporträt heraus, das einen bärtigen Mann mit Barett zeigt und mit „Claus Stürtz den Becher" beschriftet war. In Ermangelung eines tatsächlichen Porträts Störtebekers hatte Funck eine Druckplatte mit dem Porträt Kunz von der Rosens, des Hofnarren Kaiser Maximilians, verwandt. Von Rosen war um 1515 von dem Augsburger Kupferstecher Daniel Hopfer porträtiert worden; dieser Stich wurde mehrfach gedruckt, bereits im 16. Jahrhundert allerdings auch mit der Beschriftung, dass es sich um den spanischen Admiral Gonsalvo di Cordova handele. Funck war mit seiner neuen Vermarktung des Porträts erfolgreich, denn schnell verbreitete es sich als Porträt Störtebekers. 1696 lautete die Beschreibung auf dem Druck bereits „Claus Stortzenbecher der Berrühmte Seeräuber" (Abb. 1) und er wurde auch wenige Jahre später als Vorlage für Medaillen verwandt, die die Stadt Hamburg zur Erinnerung an die Hinrichtung vor 300 Jahren prägen ließ (Abb. 37 u. 38). Obwohl bereits in der Mitte des 19. Jahrhunderts nachgewiesen werden konnte, dass das Porträt nicht Störtebeker zeigt, findet es sich bis heute als solches in Büchern wieder.

Abb. 42 Störtebeker in einem Comic von Patrick Wirbeleit und Kim Schmidt, 2004

Abb. 43 Störtebeker als programmatischer Name bei den Hausbesetzern in der Hamburger Hafenstraße, Foto Peter Loh, 1991

Die Vermarktung von Störtebeker-Bildern setzte sich im 18. Jahrhundert fort. Ein Motiv aus dem Flugblatt zur Hinrichtung Hans von Enckhusens 1573 (vorderer Vorsatz) wurde 1701 gedruckt, allerdings seitenverkehrt, mit einem veränderten Hintergrund und der Beschriftung, dass es die Hinrichtung Störtebekers sei (Abb. 22). Im 19. Jahrhundert erschienen dann in Büchern und populären Zeitschriften verschiedene Szenen aus dem Leben Störtebekers im Bild, vor allem seine Gefangennahme durch die Hamburger (Abb. 20 u. 35). Beim großen Festzug durch Hamburgs Straßen anlässlich des Bundesschießens 1909 durfte auch eine Szene mit dem gefangenen Störtebeker nicht fehlen, die in der Erfolgsgeschichte Hamburgs zur Hansezeit einen festen Platz hatte (Abb. 36). Als Sammelbilder gab es die Geschichte Störtebekers bereits 1938, das neue Bildermedium der Comics nahm sich ihrer seit 1994 sowohl in Serien – mit 45 Heften –, als auch in Comic-Büchern 1992 von Harm Bengen und 2004 von Patrick Wirbeleit und Kim Schmidt an (Abb. 42).

Wiederum zum 300. Todestag wurde Störtebeker Thema eines anderen Mediums, des Theaters. Wie so viele Störtebeker-Produkte entstand in Hamburg 1701 die Oper „Störtebeker und Gödje Michel". 1725 kam das Schauspiel „Die bekannten Seeräuber Claus Störzenbecher, Gädche Michael, Wiegmann und Woegbold" und 1783 mit dem Untertitel „Ein vaterländisches Trauerspiel in fünf Aufzügen. Aus der ersten blühenden Zeit des Han-

Abb. 44 Das am 5. 6. 1985 zerstörte Denkmal für Simon von Utrecht an der Kersten-Miles-Brücke in Hamburg von 1895/97

seatischen Bundes“ das Stück „Claus Storzenbecher“ des Hamburger Juristen Bernhard Christoph d'Arien heraus. Im 19. Jahrhundert folgten eine Oper und zwei Schauspiele, für das 20. Jahrhundert ist schon fast nicht mehr überschaubar, wie viele Bearbeitungen des Störtebeker-Stoffs es gibt, mindestens zehn Theaterstücke und darüber hinaus auch Hörspiele. Nun wurde das Thema in der aktuellen politischen Diskussion genutzt, so in Erwin Piscators Berliner Inszenierung des Dramas von Ehm Welk „Gewitter über Gotland“, in dem die bürgerliche Hanse gegen die kommunistischen Vitalienbrüder kämpfte und einer der Darsteller in einer Lenin-Maske auftrat. Auch in Ralswiek auf Rügen fanden die Störtebeker-Freilichtspiele 1959 bis 1961 und 1980/81 nach einem Stück von Kurt Barthel im Zeichen des Klassenkampfs statt; als sie dort dann 1993 nach der deutschen Wiedervereinigung erneut aufgenommen wurden, waren sie reine Unterhaltungsveranstaltungen und fanden mit wechselnden Inszenierungen und hohem technischen Aufwand in zehn Jahren den Zuspruch von 2,34 Millionen Besuchern (Abb. 41). Auch an anderen Orten gibt es Störtebeker-Freilichtaufführungen, z.B. in Marienhafe in Ostfriesland seit 1996. Bereits 1919/20 wurde ein Stummfilm über Störtebeker gedreht, mit der Neuverfilmung des Störtebeker-Stoffs wurde 2005 begonnen.

Ebenfalls für politische Zwecke wurde der Name Störtebeker von den Hausbesetzern in der Hamburger Hafenstraße in den 1980er Jahren ver-

Abb. 45 Das Störtebeker-Denkmal von 1992 in Marienhafe

Abb. 46 Gesichtsrekonstruktion eines der Schädelfunde vom Hamburger Grasbrook, 2004

Abb. 47 Zwei auf Holzbalken genagelte Piratenschädel vom Hamburger Grasbrook, um 1400

wandt, er prangte in großen Buchstaben an den Häusern (Abb. 43), wohl als Symbol für antibürgerliches und unabhängiges Verhalten. Umgekehrt wurde das Denkmal für Simon von Utrecht in Hamburg 1985 wohl beschädigt, weil dieser angeblich den Sieg des Bürgertums über die freiheitsliebenden Seeräuber zu verantworten hatte. Unmissverständlich wurde an das Denkmal geschrieben „Störtebeker lebt" und „Wir kriegen alle Pfeffersäcke!" (Abb. 44). Wiederum spielten historische Tatsachen keine Rolle, denn es kam auf den Symbolwert einer solchen Aktion an. Die Täter wussten vermutlich gar nicht, dass von Utrecht nur am Rande etwas mit dem Kampf gegen Störtebeker zu tun hatte, erst 1425 Ratsherr und 1433 Hamburger Bürgermeister wurde und erst dann gegen die Vitalienbrüder führend aktiv war. Ebenfalls werbewirksam, aber unter rein kommerziellen Aspekten wird der Name Störtebeker in neuester Zeit genutzt, ob 1980 für ein gleichnamiges Bier in Rostock oder von einer Stralsunder Brauerei seit Beginn der 1990er Jahr als „Bier der Gerechten", für holsteinischen Butterkäse ebenso wie von einem Hamburger „Störtebäcker". Alle, die den Namen verwenden, bauen auf der weit verbreiteten

Kenntnis dieses Namens in Norddeutschland und einem damit verbundenen – wenn auch diffusen – Image auf.

Ein wichtiger Bereich der Seeräubergeschichte sind deren – angebliche – materiellen Hinterlassenschaften. Dazu zählt ein um 1650 angefertigter Silberbecher (Abb. 39), der der Hamburger Schiffergesellschaft bei ihren Feiern diente und im Laufe der Zeit als ehemaliger Besitz Störtebekers – und entsprechend wie eine Reliquie – angesehen wurde. Dieser Becher wie auch andere Objekte befinden sich im Museum für Hamburgische Geschichte, das nach einer Zusammenstellung des „Illustrierten Weltblatts" von 1902 (Abb. 40) angeblich auch Störtebekers Hut, seinen Schild und seinen Kettenpanzer sowie das Richtschwert besitzt, mit dem er hingerichtet wurde. In Schloss Rosenborg in Kopenhagen befindet sich das prunkvolle ‚Oldenburger Horn' aus dem Besitz der Oldenburger Grafen und vermutlich in Hamburg oder Bremen um 1400 hergestellt (Abb. 18). Auch seine Herkunft wird mit den Vitalienbrüdern in Verbindung gebracht. Trotz aller aufklärenden historischen Forschungen der letzten Jahrzehnte hat sich das mythische Bild Störtebekers wie auch anderer Seeräuber im öffentlichen Bewusstsein nicht verändert. Anders wäre es kaum zu erklären, dass 1982 in Hamburg, etwa dort, wo die Hinrichtungsstätte war, und 1992 in Marienhafe in Ostfriesland Denkmäler für Störtebeker aufgestellt wurden (Abb. 45). Seit 1985 weist eine Störtebeker-Figur an einem Brunnen in Verden an der Aller darauf hin, dass er dort eine jährliche Herings-Spende an arme Leute veranlasst haben soll; sie wird allerdings erst seit 1891 so genannt.

Das Lehrhafte des Mythos von Störtebeker und den Seeräubern aus den vorherigen Jahrhunderten ist inzwischen der kommerziellen Verwertbarkeit gewichen. Dennoch konnten in den letzten Jahren insbesondere durch die naturwissenschaftliche Forschung neue Erkenntnisse gewonnen werden, und sie fanden auch ein bemerkenswertes öffentliches Interesse. Die zwei Schädel im Museum für Hamburgische Geschichte (Abb. 47), jahrzehntelang hingerichteten Seeräubern nur zugeschrieben, wurden in den letzten Jahren einer gründlichen rechtsmedizinischen und anthropologischen Untersuchung unterzogen, die noch andauert. Es ging um die möglichst eindeutige Ermittlung, ob es sich dabei überhaupt um Männer aus dem Spätmittelalter handelte. Tatsächlich konnte u.a. festgestellt werden, dass es ein etwa 40jähriger und ein etwa 30jähriger Mann waren, die um 1400 auf dem Grasbrook hingerichtet und deren Schädel dann auf Pfähle genagelt wurden. Im Jahr 2003 konnte mit Hilfe der Kriminaltechnik und der plastischen Gestaltung eine realistische dreidimensionale Rekonstruktion des jüngeren Schädels angefertigt werden (Abb. 46). So könnte es sein, dass der Betrachter des Gesichts nun in die Augen Störtebekers, sicher aber in die eines Seeräubers schaut.

10. Quellen und Literatur

HGbll – Hansische Geschichtsblätter
ZHG – Zeitschrift des Vereins für Hamburgische Geschichte

Adam von Bremen, Bischofsgeschichte der Hamburger Kirche, in: Quellen des 9. und 11. Jahrhunderts zur Geschichte der hamburgischen Kirche und des Reichs, bearb. von Werner Trillmich und Rudolf Buchner, Darmstadt 1978, S. 137-503

Ulrich Andermann, Spätmittelalterlicher Seeraub als Kriminaldelikt und seine Bestrafung, in: Störtebeker, S. 23-36

Ernst Baasch, Hamburgs Konvoischiffahrt und Konvoiwesen. Ein Beitrag zur Geschichte der Schiffahrt und Schiffseinrichtungen im 17. und 18. Jahrhundert, Hamburg 1896

Ders., Die Hansestädte und die Barbaresken, Kassel 1897

Friedrich Benninghoven, Die Vitalienbrüder als Forschungsproblem, in: Acta Visbyensia IV. Kultur und Politik im Ostseeraum und im Norden 1350-1450, Visby 1973, S. 41-52

Harm Bents, Bernd Flessner, Martin Stromann, Störtebeker. Dichtung und Wahrheit, Norden 2003

Anneliese Blasel, Klaus Störtebeker und Gödeke Michels in der deutschen Volkssage, Greifswald 1933

Heidelore Böcker, Bodden und Haff - Fernhandel und Seeräuberei. Vorpommern und Rügen vom 13. bis 16. Jh., in: Beiträge zur hansischen Kultur-, Verfassungs- und Schiffahrtsgeschichte, hg. von Horst Wernicke und Nils Jörn, Weimar 1998, S. 145-159

Robert Bohn, Die Piraten, München 2003

Jörgen Bracker, Die Kopfgeldjagd als Mittel der Seeräuberbekämpfung um 1400, in: Piraten. Abenteuer oder Bedrohung?, hg. von Hartmut Roder, Bremen 2002, S. 111- 118.

Ders., Mutmaßungen über den sagenhaften Goldschatz des Piraten Klaus Störtebeker, in: Beiträge zur deutschen Volks- und Altertumskunde 26, 1988/91, S. 15-24

Ders., Störtebeker – Nur einer von ihnen. Die Vitalienbrüder und ihre Geschichte, in: Klaus Störtebeker, S. 9-59

Ders., Störtebeker, der Ruhm der Hanseaten, in: Die Hanse, Bd. 1, S. 872-879

Hans-Christian Cordsen, Beiträge zur Geschichte der Vitalienbrüder, Halle 1907

Wilfried Ehbrecht, Hansen, Friesen und Vitalienbrüder an der Wende zum 15. Jahrhundert, in: Niederlande und Nordwestdeutschland. Festschrift für Franz Petri, hg. von dems. und Heinz Schilling, Köln/Wien 1983, S. 61-98

Ders., Von Seeräubern, Hansen und Häuptlingen im 15. Jahrhundert, in: Herrschaft und Verfassungsstrukturen im Nordwesten des Reiches, hg. von Berhard Sicken, Köln/Weimar/Wien 1994, S. 47-88

Ders., Die Ereignisse von 1400/1401/1402 in den Quellen, in: Störtebeker, S. 37-56

Detlev Ellmers, Die Schiffe der Hanse und der Seeräuber um 1400, in: Störtebeker, S. 154-168

Wladislaw Filipowiak, Wolin-Vineta. Ausgrabungen in einer versunkenen Stadt, Rostock 1986

Ludwig Frahm/Friedrich Sundermann, Klaus Störtebeker in Sang und Sage, Hamburg 1895

Gottes Freund – aller Welt Feind. Von Seefahrt und Konvoifahrt. Störtebeker und die Folgen, hg. von Jörgen Bracker, Hamburg 2001

Manfred Gläser, Die Slawen in Ostholstein, Hamburg 1983
F.S. Grove-Stephensen, Slavekassen og de slesvigske søfartsforhold, in: Sønderjysk Månedskrift 53, 1977, S. 410-417
Alfred Haas, Klaus Störtebeker in der pommerschen Volksüberlieferung, Stettin 1932
Die Hanse. Lebenswirklichkeit und Mythos, hg. von Jörgen Bracker, 2 Bde., Hamburg 1989; Neudr. Bd. 1 Lübeck 1998
Hanserecesse, Abt. 1, Bd. 2-5, hg. von Karl Koppmann, Leipzig 1872-1880
Volker Henn, Das Störtebeker-Bild in der erzählenden Literatur des 19. und 20. Jahrhunderts, in: Störtebeker, S. 273-290
Helmold von Bosau, Slawenchronik, bearb. von Heinz Stoob (Ausgewählte Quellen zur deutschen Geschichte des Mittelalters 19), Darmstadt 1973
Rudolf Holbach, Hanse und Seeraub. Wirtschaftliche Aspekte, in: Störtebeker, S. 131-151
Carsten Jahnke, Piraten und Politik. Die Auseinandersetzung Lübecks und Hamburgs mit Gerhard von Oldenburg und Edo Wymeken zu Jever, 1480 bis 1487, in: Störtebeker, S. 181-209
Andreas Kammler, Up eventur. Untersuchungen zur Kaperschiffahrt 1471-1512, vornehmlich nach Hamburger und Lübecker Quellen, St. Katharinen 2005
Ders., Die Hamburger Expedition von 1433 nach Emden und gegen die Sibetsburg vor dem Hintergrund der Ausstattungsliste, in: Deutsches Schiffahrtsarchiv 25, 2002, S. 223-237
Ders., Kaperschiffahrt in Hamburg und Lübeck 1471 - 1510 : ein Forschungsbericht, in: ZHG 85, 1999, S. 19-34
Ders, Die Bekämpfung des Seeraubes nach unveröffentlichten hamburgischen Quellen: Die Katherine 1493, in: Störtebeker, S. 211-219
Kämmereirechnungen der Stadt Hamburg, 1350-1470, Bd. 1 und 2, bearb. von Karl Koppmann, Hamburg 1869 und 1873
J. Kinder, Die Kopenhagener Sklavenkasse, in: Die Heimat 18, 1908, S. 286-290
Reimar Kock, in: Chronik des Franziskaner-Lesemeisters Detmar nach der Urschrift und mit Ergänzungen aus anderen Chroniken, hg. von F. H. Grauthoff, 1 T., Hamburg 1829
Karl Koppmann, Der Seeräuber Klaus Störtebeker in Geschichte und Sage, in: HGbII, 1877, S. 37-58
Ders., Die Vitalienbrüder, in: Hanserezesse I 4, Leipzig 1877, S. V-XXIII
Ders., Zur Geschichte der mecklenburgischen Klipphäfen, in: HGbll. 14, 1885, S. 103-160
Johann Martin Lappenberg, Lieder auf die Hinrichtung des Seeräubers Klein Hänselein, in: ZHG 4, 1858, S. 465-476
Kurt Lemke, Marten Pechlin, in: Biographisches Lexikon für Schleswig-Holstein und Lübeck 8, 1987, S. 272f
Georg Christian Friedrich Lisch, Beitrag zur Geschichte der Vitalienbrüder und Landstädte am Ende des 14. Jahrhunderts, in: Jahrbücher des Vereins für mecklenburgische Geschichte und Altertumskunde 15, 1850, S. 51-69
Klaus-Joachim Lorenzen-Schmidt, Hans Bunsingk, ein Seeräuber aus Itzehoe?, in: Steinburger Jahrbuch 23, 1977, S. 187-198
Dirk Meier, Seefahrer, Händler und Piraten im Mittelalter, Ostfildern 2004
Mats Mogren, Die Vitalienbrüder und der Burgenbau im nördlichen Ostseeraum, in: Die Hanse 1, 1998, S. 826-835
Dieter Möhn, Störtebeker und die Folgen. Von der Faszination eines Stoffes in der deutschen Literaturgeschichte, in: Niederdeutsches Jahrbuch 118, 1995, S. 99-120; 119, 1996, S. 61-89; 120, 1997, S. 79-116
Leos Müller, Consuls, corsairs and comerce. The swedish consular service and long distance shipping 1720-1815, Uppsala 2004

Jürgen Newig/Hans Theede, Von Seefahrt, Seeräubern und Schiffswracks an der deutschen Nordseeküste, Hamburg 2000
Renate Niemann, 'Wo zu Bremen etliche Seeräuber hingerichtet worden sind', in: Piraten, S. 44-47
Walter Oellrich, Beiträge zur Geschichte des Piratenwesens auf der Niederelbe 1300-1310, in: Die Heimat 31, 1921, S. 179-181
Ortwin Pelc, In Piratenhand. Das Schicksal Kapitän Schümanns und seiner Besatzung 1817/18, in: Seefahrt, Schiff und Schifferbrüder. 600 Jahre Schiffergesellschaft zu Lübeck 1401-2001, hg. von Rolf Hammel-Kiesow, Lübeck 2001, S. 202-205
Piraten, die Herren der sieben Meere, hg. v. Hartmut Roder, Bremen 2000
Pirater og kristne slaver. En sømands møde med den islamiske kultur i 1700-tallet, Redaktion Mette Guldberg und Martin Rheinheimer, Esbjerg 2003
Rainer Postel, Der Pirat, der Volksheld und der Kopf unter dem Arm, in: Klaus Störtebeker, S. 61-77
Carsten Prange, Hamburg und die Barbaresken, in: Gottes Freund, S. 152-173
Matthias Puhle, Die Vitalienbrüder. Klaus Störtebeker und die Seeräuber der Hansezeit, Frankfurt/New York 1992
Martin Rheinheimer, Briefe schleswig-holsteinischer Sklaven aus Algier, in: Rundbrief des Arbeitskreises für Wirtschafts- und Sozialgeschichte Schleswig-Holsteins 77, 1999, S. 19-27
Ders., Identität und Kulturkonflikt. Selbstzeugnisse schleswig-holsteinischer Sklaven in den Barbareskenstaaten, in: Historische Zeitschrift 269, 1999, S. 317-369
Ders., Sklave in Algier. Die Kaperei der Barbaresken in Atlantik und Nordsee, in: Strandungen, Havarien, Kaperungen. Beiträge zur Seefahrtsgeschichte Nordfrieslands, hg. von Robert Bohn und Sebastian Lehmann, Amsterdam 2004, S. 36-60
Ders., Der fremde Sohn. Hark Olufs' Wiederkehr aus der Sklaverei, Neumünster 2001
Rimbert, Ansgars Leben, in: Quellen des 9. und 11. Jahrhunderts zur Geschichte der hamburgischen Kirche und des Reichs, bearb. von Werner Trillmich und Rudolf Buchner, Darmstadt 1978, S. 3-133
Fritz Rörig, Ein Hamburger Kapervertrag vom Jahre 1471, in: HGbll. 23, 1917, S. 411-419
Gregor Rohmann, Vier Männer und ein Bild. Was verbindet Kunz von der Rosen, Gonsalvo di Cordova, Klaus Störtebeker und Florian Geyer? Über das sogenannte Störtebeker-Porträt, in: Gottes Freund, S. 36-51
Rufus-Chronik, in: Die Chroniken der deutschen Städte vom 14. bis 16. Jahrhundert, Bd. 26 und 28, Lübeck, 2. Bd., bearb. v. Karl Koppmann, Leipzig 1899 und 1902
Saxo Grammaticus, Gesta Danorum, hg. von J. Olrik und H. Raeder, Kopenhagen 1931
Ute Scheurlen, Bremen und die Seeräuber, in: Die Hanse, Bd. 1, S. 620-626
Dies., Über Handel und Seeraub im 14. und 15. Jahrhundert an der ostfriesischen Küste, Phil. Diss. Hamburg 1974
Herbert Schwarzwälder, Bremen und die Seeräuber, in: Die Hanse Bd. 1, 1998, S. 822-825
Klaus Störtebeker. Ein Mythos wird entschlüsselt, hg. von Ralf Wiechmann, Günter Bräuer und Klaus Püschel, München 2003
Störtebeker. 600 Jahre nach seinem Tod, hg. von Wilfried Ehbrecht (Hansische Studien 15), Trier 2005
Fritz Teichmann, Die Stellung und Politik der hansischen Seestädte gegenüber den Vitalienbrüdern in den nordischen Thronwirren 1389-1400, Berlin 1931
C. F. Wandel, Danmark og Barbareskerne 1746-1845, København 1919
Josef Wanke, Die Vitalienbrüder in Oldenburg (1395-1433), Oldenburg 1910

Carl Wehrmann, Geschichte der Sklavenkasse, in: Zeitschrift des Vereins für Lübeckische Geschichte und Altertumskunde 4, 1884, S. 158-193
Ulrich Weidinger, Die Wikingereinfälle im Bereich der südlichen Nordseeküste, in: Piraten, S. 26-35
Ralf Wiechmann, Eilin Einfeld und Klaus Püschel, „...men scholde en ere hovede afhowen und negele se uppe den stok". Die Piratenschädel vom Grasbrook, in: Gottes Freund, S. 36-51
Dies., „...man soll ihnen ihre Köpfe abschlagen und sie auf einen Stock nageln". Die Piratenschädel vom Grasbrook, in: Klaus Störtebeker, S. 79-118
Rainer Willmann, Wann starb Klaus Störtebeker?, in: Die Heimat 3, 1980, S. 68-70
Jann Markus Witt, Kaperei und Piraterie zur Hansezeit, in: Piraterie einst und jetzt. Vorträge des 2. Hamburger Symposiums zur Schiffahrts- und Marinegeschichte, hg. von Hartmut Klüver, Düsseldorf 2001, S. 28-39
Carl Woebcken, Störtebeker, in: Archiv für Landes- und Volkskunde von Niedersachsen 11, 1942, S. 129-156
Dieter Zimmerling, Störtebeker & Co. Die Blütezeit der Seeräuber in Nord- und Ostsee, Frankfurt/Berlin 1988

11. Abbildungsnachweise

Bents (s. Lit.), S. 86, 88, 93: 19, 20, 35, 45
Beate Binder, Illustriertes Recht, Hamburg 1988, S. 125: 17
The British Library, London 12
Patrick Wirbeleit/ Kim Schmidt, Störtebeker, Carlsen Verlag, Hamburg 2004, S. 18: 42
Rainer Crummenerl, Piraten (Was ist Was 71), Tessloff-Verlag, Nürnberg 2005, S. 11: 3
Deutsches Schiffahrtsmuseum, Bremerhaven: 2
Herbert Ewe, Schiffe auf Siegeln, Rostock 1972, S. 198: 8
Filipowiak (s. Lit.), S. 24: 5
Thomas Förster, Schwerin: 6
Gemeentearchief Groningen: 25
Kulturhistorisches Museum Stralsund: 9
Mecklenburgisches Landeshauptarchiv, Schwerin: 11
Mogren (s. Lit.), S. 828: 14
Museum für Hamburgische Geschichte: 1, 7, 13, 16, 18 (Kopie), 22, 23, 26–29, 31–33, 36–40, 43, 44, 46 (Philippe Plailly, Atelier Daynes, Eurelios), 47
Museum für Kunst und Kulturgeschichte, Lübeck: 10, 34
Nationalmuseum, Kopenhagen: 30
Ortwin Pelc, Hamburg: 15, 41
Pierpont Morgan Library, New York: 4
Puhle (s. Lit.), S. 163: 21
Staatsarchiv Hamburg: 24
Zentralbibliothek Zürich, Nachrichtensammlung des J.J. Wick: Vorsatz

Rita Hoitz und Dr. Ralf Wiechmann, Museum für Hamburgische Geschichte, danke ich sehr herzlich für ihre Unterstützung

12. Personen- und Ortsregister

Warhafftige geschicht von den XXXIIII. Seer

Anno 15 73.